이철우 첫시집

노송

도서출판 오늘

첫 시집을 펴내며

사람은 누구나 부모님의 하늘과 같은 은혜로
세상에 태어났고,
어린 나이부터 많은 것을
보고, 듣고, 배우고 깨우치며 삶을 영위한다.
그러면서 이러저러한 것들을
이웃들과 어울려 실천하면서
인생관과 가치관을 쌓으며 살아간다.
모든 이가 그렇게 살아왔듯이
나 역시 칠십이 다 되어가는 삶이지만,
그렇게 살아왔고,
앞으로 남은 여생 또한,
그렇게 살아갈 것이다.
"호랑이는 죽어서 가죽을 남기고,
사람은 이름 석 자를 남긴다."라는 격언이 있다.
젊은 시절부터 문학을 접했고,
20여 년 전부터 문학에 뜻을 두며
습작을 통해 필력을 키우려 노력하며
많은 계간지에 투고를 해오다 뜻한 바 있어
이번에 존경하는 주변인들의 도움으로
첫 시집을 발간했다.
부족함이 많지만,
독자들의 많은 사랑을 받기를 소망하며
앞으로 더욱 정진할 것을 약속한다.

淸湖 이철우 拜上

목 차

1부 – 노송

추정(秋晴) ·· 13
노랫가락 ··· 14
천사의 희생 ··· 16
공유 ·· 18
풍요 ·· 20
내사랑 참사랑 ··· 21
노송 ·· 22
행복지수 ·· 24
그대와 나 ·· 25
겨울이야기 ·· 26
나(我) ··· 27
당신 ·· 28
산 ··· 30
아, 그립다 ··· 32
덕담과 악담 ··· 34
정 ··· 36
염치 ·· 37
세벽 ·· 38
춘풍 ·· 39
봄 ··· 40

2부 - 통영 앞바다

오늘은 …………………………… 43
춘경 ………………………………… 44
인생이란 ………………………… 45
하늘 ………………………………… 46
춘화 ………………………………… 48
존재 ………………………………… 50
버릇 ………………………………… 51
수다 ………………………………… 52
통영 앞바다 …………………… 54
걱정 ………………………………… 56
욕심 ………………………………… 58
향기 ………………………………… 60
고저 ………………………………… 61
후회 ………………………………… 62
봄을 기다리는 마음 ………… 64
겨울나무 ………………………… 65
농담 ………………………………… 66
주도(酒道) ……………………… 68
술 …………………………………… 70
봄꽃 ………………………………… 71
식탁에 오른 봄 ……………… 72
신호등 …………………………… 74
상춘 ………………………………… 76

3부-가을을 타는 남자

소통 …………………………………………… 79
축복 …………………………………………… 80
사랑 타령 …………………………………… 82
그리운 계곡과 바다 ……………………… 83
불통 …………………………………………… 84
양심 …………………………………………… 86
본보기 ………………………………………… 88
구토 …………………………………………… 89
한여름의 반일 ……………………………… 90
가을을 타는 남자 ………………………… 91
낙원 …………………………………………… 92
의리 …………………………………………… 94
침소봉대 ……………………………………… 96
풍경화 ………………………………………… 98
청산유수 …………………………………… 100
만추에 내리는 비 ………………………… 101
주는 즐거움 받는 기쁨 ………………… 102
기고만장 …………………………………… 104
다시 붓을 들며 …………………………… 106

4부 - 밤에 떠난 여행

눈 내리는 날·· 109
회상 ·· 110
그리운 친구들 ·· 111
봄 ·· 112
공수래공수거 ·· 113
늦봄 ·· 114
밤에 떠난 여행 ·· 115
별 그리고 인간 ·· 116
꽃들의 향연 ·· 117
밤비 ·· 118
그저 평범한 일상이 그립다 ·· 119
당신과 나 ·· 120
장마 ·· 121
잡초와 돌 ·· 122
들꽃 ·· 123
사모곡 ·· 124
일상 ·· 126
동행 ·· 128
팔월 한가위 ·· 130
자아 ·· 132
황하 코스모스 ·· 133
여로 ·· 134
민심 ·· 136
소국 ·· 138

5부 - 봄꽃들의 향연

육지와 바다 …………………………… 141
친구 …………………………………… 142
설화 …………………………………… 144
겨울날의 추억 ………………………… 145
만추의 정취…………………………… 146
이 가을을 보내며 ……………………… 148
겨울이야기……………………………… 150
단풍 …………………………………… 152
이 가을이 떠나네……………………… 154
폭풍한설………………………………… 155
봄꽃들의 향연………………………… 156
만춘 풍경……………………………… 158
산다는 것……………………………… 159
친구 …………………………………… 160
아름다운 가을………………………… 162
자업자득………………………………… 164
잠 못 이루는 밤엔……………………… 166
어머니 ………………………………… 168
섭리……………………………………… 170
상춘객의 기쁨………………………… 172
중춘을 떠나보내며 …………………… 174
그대의 미소 …………………………… 176

6부 – 인동초 처럼

그림자 …………………………………… 179
회자정리………………………………… 180
단 하루의 사랑 ………………………… 182
인동초처럼 ……………………………… 184
꿈…………………………………………… 186
매미 ……………………………………… 187
매화 ……………………………………… 188
지조와 절개……………………………… 190
옥수수 …………………………………… 192
폭풍우 …………………………………… 193
사랑 ……………………………………… 194
유년 시절 여름날의 고향 추억 ……… 196
무지개 …………………………………… 197
그대 ……………………………………… 198
그리운 바다 …………………………… 199
속죄 ……………………………………… 200
그대를 향한 나의 소망………………… 202
몽산포 해수욕장 ……………………… 204
술사랑 …………………………………… 206
허풍 ……………………………………… 208
매미 ……………………………………… 209
꺼병이 …………………………………… 210
해설(우병택 시인 문학평론가) ……… 211

1부

노송

추청秋晴

심술궂은 장마가 심통을 부렸고
태풍이 삶의 터전을 결딴냈으나
자연은 계절의 변화를 거부하지 않는다

어느새 하늘은 쪽빛화폭이 되어
나의 마음속을 차지하고선
아홉용이 천공에서 무자맥질을 하고,
용맹스런 한 쌍의 백두 호랑이가 포효한다

쪽빛 하늘 아래를 유영하는 흰 구름엔
추풍이 난을 치고 있고,
그 여세에 푸른 정기를 잃은
늙은 노파를 닮은 힘 빠진 이파리들이
다음 해를 기약하며 나무와 별리를 한다

산야를 물들인
천연의 가을꽃과 단풍이
아직은 곱디곱기만 하고,
오가는 나들이객들의 모습은
여유로 가득 차있다

풍요로운 이 계절처럼
내 마음도 지금 이 순간에
영원히 머무르면 좋으련만... .

노랫가락

참새와 앵무새는 조석으로 노래하고
쥐와 부엉이, 소쩍새는 밤에 노래한다

종다리 봄날을 노래하고
뻐꾸기, 매미 여름날을 노래한다

부엉이 외로움을 노래하고
닭은 아침을 부른다.

초목은 바람과 노래하고
시냇물은 여울과 노래한다

봄바람 솔솔 노래하고
여름바람 휘휘 노래한다

가을바람 소슬 노래하고
겨울바람 휘파람 노래한다

아이는 동요를 부르고
어른은 민요를 부른다

연인은 사랑을 노래하고
친구는 우정을 노래한다

슬픔에 잠긴 자 구슬픈 가락에 젖고
기쁜 자는 환희를 노래한다

아기가 탄생해도 노래하고
노인이 죽어도 노래한다

저주의 노래도 있고
축복의 노래도 있다

자연은 자연대로
인간은 인간대로 끊임없이 노래하는구나!

천사의 희생

가족부양이라는 멍에를 썼으니 이미 몸이 천근이고,
별을 보고 집을 나서는 몸 수천 근이리라

'양초는 자신을 불태워 주위를 밝히고
걸레는 자신을 더럽혀 바닥을 깨끗하게 만든다.'

엊그제 태풍 볼라벤이 한반도를 휩쓸었을 때
산천초목도 떨고 길가 가로수도 울었다

태풍 볼라벤이 극성을 떨 때
도로와 인도는 그야말로 몸살을 앓았다

태풍이 할퀴어 나락으로 떨어진 플라타너스 이파리는
인도와 도로를 점령했다

몸에 남루한 옷과 조끼를 걸치고, 반 코팅 장갑을 손에 끼고선
수레에 자루와 청소도구를 가득 실은 사십 대 초반의 남자,
흩어지는 낙엽을 쓸어 담느라 분주다사로다

전투병 같은 눈매에 손발은 정상을 초월
자신의 안위는 생각조차 안 하는구나

볼라벤이란 놈이 몰고 온 비바람에
진흙과 쓰레기가 뒤범벅된 지저분한 저 잔해들,
자루에 채워 담는 결연한 저의 모습...

안중에도 없는 몸, 물 반 낙엽 반의 쓰레기에
옷이 더럽혀지고, 손발이 물에 젖는 것 상관치 않고
촛불이 되고, 기꺼이 걸레가 되어 자신을 희생하는구나

환경미화원, 아니 천사!
그대가 있어 밝고, 아름다운 세상이 있나니...
내 마음은 감동으로 요동치고 있고,
눈에서는 뜨거운 물이 볼을 타고내린다.

공유

가을 들판이 주는 넉넉함처럼 나도 넉넉해지고 싶다
가을 바다가 주는 풍요처럼 나 역시 풍요로워지고 싶다
가을하늘이 가진 공간만큼 나도 여유롭고 싶다
그만큼 넉넉하고, 풍요롭고, 여유로우면
이웃들과 모든 걸 마음껏 나눌 수 있을 테니까

저 하늘의 흰 구름처럼 나도 하늘 한구석 차지하고 싶다
나, 저 하늘의 흰 구름을 움직이는 바람이 되고 싶다
구름이면 구름이 된 대로 천공을 아름답게 수놓고
바람이면 바람이 된 대로 만물과 어우러질 수 있으니까

나, 지금 이 시간 가을 들판이 되어
너와 넉넉함을 나누고 싶다

나, 지금 이 시간 바다가 되어
너와 풍요를 함께하고 싶다

나, 지금 이 시간 하늘이 되어
너와 여유로운 마음을 서로 간 나누고 싶다

나, 지금 이 시간 바람이 되어
모든 이와 어우러지고 싶다

우주 만물은 인간을 위해 존재하나니

내가 사랑하는 이들이여!
각박한 인심은 가슴에서 꺼내 버리고
우리 함께 누리고, 나누며 어우러져 살아가세.

풍요

게으른 자는 얻어지는 기회가 없고
부지런한 사람에게 기회가 찾아든다

지갑이 빈 것보다는
지갑에 돈이 차있는 것이 좋고
곳간이 빈 것보다는
곳간에 알곡이 가득한 것이 좋다

물질적인 넉넉함보다
마음이 넉넉한 사람이 행복하다

물질을 쫓는 자는
재물을 모을 수 있을 것이고
사람을 쫓는 자는
주변에 좋은 사람으로 가득할 것이다

벗을 대할 때 물질로 대할 것이 아니고,
진정한마음으로 대해야 할 것이다

불쌍한 이웃을 대할 때
물질로만 대할 것이 아니요,
물질과 마음이 합쳐지면
금상첨화 아니겠는가.

내 사랑 참사랑

당신이 어떤 꽃보다 아름답게 보이는 것은
내가 당신을 그 누구보다 사랑하기 때문입니다

아침이슬처럼 당신이 보석보다 영롱한 것은
나의 마음이 당신을 보듬기 때문입니다

하늘을 아름답게 수놓는 저 밤 별들은
당신과 나눈 수많은 밀어일 것입니다

모래알같이 살아온 행복한 날들은
당신이 내 곁을 묵묵히 지켜주었기 때문입니다

세상이 이토록 아름다운 것은
당신의 향기가 내 안에 그윽하기 때문입니다

나는 죽어 숨이 멎을 때까지
당신을 마음으로부터 죽도록 사랑하렵니다

당신은 그토록,
사랑받을 자격을 넘치도록 갖추었으니까요.

노송

깎아지른 기암절벽 작은 틈새에
제멋대로 굽은 앙상한 몸뚱이 붙인 채
눈부신 아침햇살과 고요한 별빛을
억촉 이파리 사이사이로 맞은 수많은 나날이여

해마다 찾아오는,
봄이면 보석처럼 영롱한 이슬과 꽃피는 아름다움을 보고
훈풍에 따스함을 느끼기도 했으나
하늘 탓을 하며 목마름에 시달린날들 부지기수요

여름이 오면 새들의 노랫소리 듣는 환희도 있었지만
태울듯 뜨거운 땡볕을 감내하고
뇌성벽력에 떨며
광풍, 태풍에 몸서리를 친적 헤아릴수 없다.

가을 색색의 고운 단풍에 황홀한 날들 있어 좋았지만
황량한 소슬바람에 나뭇잎 떨어지는 소리
서릿발 서러움을 말없이 견뎌야 했다

긴긴 겨울 온통 하얗게 변한 세상에 경이감도 들었으나
엄동설한 북풍에 울어야 했고
병마에 시달린 억겁의 날들을
푸른절개 잃지 않고 보내야 했다.

지금까지 수없이 겪어온 산전수전의 모진세월
죽어 노랗게 썩는 날까지
노송은 부끄럼 없었다 하리라.

행복지수

남보다 가진 것이
남보다 갖춘 것이
분명코 많을 터인데
그는 늘 부족하다고 한다

남들은 그를 부러워하는데
남들은 그가 누구보다 행복할 것이라는데
그의 얼굴을 보면
수심으로,
불평불만으로 가득하다

인간이 행복하다고
느끼는 기준은 제각각일 것이다

많이 가졌다고,
많이 갖췄다고,
겉치레로
행복지수가 높아지는 것이 아니다

가진 것이 다소 적어도
갖춘 것이 조금 부족해도
마음을 넉넉하게 지닌 사람이
가장 행복한 것이다.

그대와 나

그대와 나는 함께 굴러가는 수레바퀴입니다
나는 왼쪽 바퀴이고
그대는 오른쪽 바퀴입니다

때론 삐걱거리며 굴러가지만
이해하고 배려하며 함께 언덕을 올라갑니다
나는 왼쪽 바퀴이고
그대는 오른쪽 바퀴입니다

수레에 실린 짐이 힘에 부칠 때는
헐떡이지만, 참고 인생길을 오르는
나는 왼쪽 바퀴이고
그대는 오른쪽 바퀴입니다

짐이 가벼워지면 마주 보며
만면에 즐거운 미소를 띠는
나는 왼쪽 바퀴이고
그대는 오른쪽 바퀴입니다

힘들고 고달픈 인생의 수레바퀴이지만
그대와 함께 굴러가는 마냥 행복한
나는 왼쪽 바퀴이고
그대는 오른쪽 바퀴입니다.

겨울이야기

올 따라 재바르게 가을을 타고 넘은
찬바람이 겨울을 잉태하더니
심산유곡 바위 이마에
투박한 무채색 고드름을 매달았다

엊그제 백설이 지면을 하얗게 치장하더니
소슬바람에 갈잎을 떨어낸 나목까지
허수아비가 되어 백의를 기꺼이 걸쳤다

출근길 일곱 시를 넘긴 시곗바늘은
여명에 맥을 추지 못하고
하늘에 걸린 하현은 게슴츠레
눈을 뜬 듯, 감은 듯 취해있다

수은주가 빨간불을 거꾸로 피우면
피사체가 취한 몸을 가누어도
몸 따로, 마음 따로 일수밖에 없다

이렇게 몸과 마음이 을씨년스런 계절엔
따뜻한 아랫목을 닮은 더도 덜도 아닌
그대의 사랑이 그립다.

나我

쌓은 것이 없으니
가난뱅이입니다

갖춘 것이 없는
부족한 사람입지요

자랑할 것도 없는
구르는 자갈이외다

낮출 줄 모르니
수양 안 된 좁쌀이지요

모든 것이 부족한 我
마음만은 부자입니다

그래서 나누렵니다
마음 한 가지라도.

당신

주어진 일에 최선을 다해 매진하는 당신은
살맛이 나는 生이 무엇인지를 심신으로 보여주는
우리의 선각자입니다

작은 것에 감동하고, 행복감에 젖는 당신은
우리에게 행복을 마음으로부터 느끼게 해주는
아름다운 한 떨기 꽃입니다

삶에 지친 사람들을 위로하는 당신은
그들에게 용기를 북돋아 주는
시원한 바람입니다

타인의 실수를 너그럽게 용서하는 당신은
아무리 퍼내도 줄지 않는 물을 담은
넓고 넓은 바다입니다

사람을 무엇보다 사랑하는 당신은
따스한 마음이 무엇인지를 전해주는
만인을 품고 있는 지구입니다

남의 아픔을 어루만져주는 당신은
배려가 무엇인지를 알려주는
착하고 착한 천사입니다

불쌍한 이웃을 위해 헌신하는 당신은
그들에게 희망을 주는
밝은 태양입니다

가정이라는 울타리를 굳건히 지키는 당신은
가족의 소중함을 인식하게 하는
우리의 수호신입니다

마음이 그토록 넉넉한 당신은
우주 만물을 담고도 남는
여유로운 하늘입니다.

산

산은 살아 있는 그림이요,
자연의 보고다

산을 정말 좋아하는 사람이라면
초봄에서 겨울에 이르기까지
산이 주는 아름다움과 감동,
경이로움에 취해 헤어나기 어렵다

초봄 산에 매화, 산수유, 버들개지 꽃피우고
고로쇠나무, 자작나무 다디단 수액으로
사람을 유혹하더니
초목에 연둣빛 촉을 틔우고
중춘, 만춘에 이르기까지
각양각색의 꽃으로, 향으로
벌 나비, 향춘객을 불러 모은다

여름 산의 상수리, 아카시아
여인의 머릿결처럼 보기 좋게
땡볕에 반들반들 윤기 흐르고,
소나무가 솔향으로
바람을 붙잡고 떠는 수다는
그칠 기미가 없고,
골짜기 푸른 난과
기암, 이끼 옷은 곱기만 하다

가을 산은 오색의 옷을 걸쳐
요염한 모습으로 미혹에 빠지게 하고
억새는 백색의 이세를 머리에 이고
산객을 반겨 맞이한다

겨울 산은 활엽수를 나목으로 만들어
죽어야 다시 산다는 진리로
또 다른 봄을 기다리게 하고
백색의 눈이 초목과 지면에 앉은 모습은
눈이 부시도록 아름답다.

아, 그립다

오늘처럼 수은주가
거꾸로 처박힐 땐
따뜻한 아랫목의 모포가 그립다

오늘처럼 찬바람이
이각을 붉게 물들이며
모질게 심술을 떨 땐
아궁이를 벌겋게 달구던
장작불이 그립다

오늘처럼 찬 공기가
콧속을 꽁꽁 얼려올 땐
누이가 곱게 떠서 감아주던
앙증맞은 양털 목도리가 그립다

오늘처럼 비탈진 언덕에
눈이 질펀할 땐
이갈이 전 함께 눈썰매를 즐기던
그 애들이 그립다

오늘처럼 초저녁 공기가
더욱 스산하게 느껴질 땐
어머니의 따스한 정이 배인
가족들과의 밥상이 그립다

오늘처럼 옛날 옛정이 그리울 땐
화롯불에서 익어가는 군고구마의
추억을 어루만지게 하는
아버지의 넉넉한 마음이 그립다.

덕담과 악담

"보기 좋은 음식이 먹기에 좋고,
듣기 좋은 말이 하기에 좋다."라는 말이 있다.

정성 가득 담긴
먹음직스럽고 아름다운 음식에
침 뱉을 자 없을 것이고,
듣기 좋은 말을 하려는데
악언이 튀어나올 리 없다

눈앞의 이익에 연연하고,
감언이설을 주야장천 일삼고,
다른 이를 속이려 들고,
남의 것을 훔치거나 빼앗으려 하니 악이라

마음이 선하면
눈에 꽃이 피는 법이고,
마음이 악하면
얼굴에 도끼날이 서는 법이다

역지사지의 마음으로
타인을 대할 것이며
말을 할 때 비아냥거리지 말고,
오해의 소지를 담거나
이해하지 못할 말은 삼가야 한다

선은 선을 잉태하고,
악은 악을 잉태할 뿐이다
덕담은 또 다른 덕담을 낳고,
악담은 또 다른 악담을 낳는다.

정

연인 간 서로 챙기고,
원앙처럼 다정하게 어우러져 부둥켜안고
밀어로 일곱 빛깔 홍예 같은
사랑을 키우는 애정은
인간미가 넘친다

가족 간 조건 없이 챙기고,
식탁에 둘러앉아 미소 지으며
오순도순 칭찬하고, 격려하면서
쌓는 情은 아름답기 그지없는
사랑 미가 넘친다

친구 간 안부를 묻고,
주안상에 둘러앉아 술잔 들고
쌓는 우정 또한
소중하기 그지없으며
운치가 넘친다

이웃 간 정답게 지내고,
이해하고, 배려하며
용서하고, 도움의 손길을 주면서
이웃 간 나누는 정이야말로
인정미가 넘친다.

염치

하늘을 이고 사는 인간이라면
성인은 되지 못할지라도
뭇사람들의 구설에는
오르지 말아야 한다

어떤 이는 남으로부터
추앙을 받고 사는데
어떤 사람은 가시방석에 앉아서도
엉덩이 따가운 줄을 모른다

하기야, 물불을 가리지 못하는
몰지각한 군자들로
홍수가 난 세상인데
쯧쯧, 자기 체면을 못 지키는 것은
당연지사 아니랴?

이 보오,
내 것을 내 것이라 여기는 것은
뉘 뭐라 할 리 없을 것이니
부디 남의 것을 내 것이라며
생떼는 쓰는
날강도는 되지 마시게.

새벽

첫닭 울음소리에 잠에서 깨어나
일상에 드는 부지런한 이들을 보라

도깨비시장에서 삶의 즐거움을 선사하는
상인들의 분주한 몸놀림을 지켜보노라면
사람의 냄새가 코를 찌른다

갓밝이부터 生의 터전으로 향하는 사람들의
빠른 발걸음에는 희망이라는 놈이 동행한다

아직 불 켜진 집보다 불이 꺼진 집이 더 많지만
불 꺼진 창안에서도
작은 소망을 담은 사람의 꿈틀거림은
분명코 있을 것이다

내일부터라도 조금 일찍 눈을 떠보라
마땅히 할 일이 없다면
한 권의 책을 펼쳐보라
다른 세상이 그대를 반기리니.

춘풍

오늘도 동장군이 악녀처럼
앙탈을 부리고 있지만,

처마에 매달린 고드름과
심산유곡의 얼음장이
지금은 독기를 품고 있지만,

나목이 지금도
연둣빛 꿈만 꾸고 있지만,

오색찬란한 춘화는 칼바람에
아직 아름다운 자태를 보이지 못하지만,

학수고대 봄을 기다리는
벌, 나비
지금 지기를 펴지 못하고 있지만,

그러나
내 마음엔 봄바람이
진즉 찾아들었다.

봄

아직 볼을 스치는 칼바람이 매섭지만
양지바른 언덕에
봄이 찾아들었다

아직은 강남의 제비가
처마 밑으로 찾아들 기미가 없지만
비닐하우스엔 벌써 오래전에
봄이 찾아들었다

삭막한 도시 회색 콘크리트 외벽엔
오늘도 스산한 바람이 찾아들지만
남녘땅의 홍매화에는
봄이 찾아들었다

아직도 음지의 잔설이
동장군의 보호 아래 물러가지 않았지만
산자락 아래 앙증맞은 버들개지에는
봄이 찾아들었다

보도블록 위를 걷는 도시의 여인에게
봄은 요원하게 느껴질 것이나
논두렁 밭두렁에서 나물 캐는
아낙네의 바구니에는
봄이 찾아들었다.

2부

통영 앞바다

오늘은

오늘은 *무심천가에 흐드러지게 핀
개나리, 벚꽃을 만나
눈인사를 반갑게 나누어야겠다

오늘은 시장 구경하기 좋은 장날,
*육거리시장에 들러 사람냄새도 맡고,
어디서 온 물건이 누구를 기다리며
누구 손에 그 물건이 들려 가는지
살펴보는 여유를 가져보리라

오늘은 오랜만에 절친한
지인들을 만나는 날,
시장 선술집에 들러
세상을 조각조각 나누며
정으로 탑을 쌓아보리라

오늘 저녁엔,
함께 식사해본 지가 언제인지
기억이 가물가물한 食口들과
밥상머리에 앉아
이야기꽃을 활짝 피워보리라.

*무심천- 청주시를 가로지르는 냇물
*육거리시장- 청주 최대의 재래시장으로
2日과 7日에 오일장이 선다.

춘경

봄꽃들이 울긋불긋 흐드러지게 핀 산야를
그대와 같이 걷는 것을
그저 상상만 해도 좋고,

춘풍에 은빛 물결이 일렁이는 호수에서
그대와 쪽배를 타고 물살을 가르는 것도
이 봄날 좋을 것이고,

백구 나는 푸른 바다에서
뱃고동 울리며
하얀 포말을 밀어내는 여객선에 올라
그대와 함께 추억을 쌓는 것도
운치 더해 좋을 것이고,

파란 파도 굽이치는 청보리밭을
그대와 밀어를 나누며
바라보는 것도
이 봄에 아주 좋을 것 같고,

샛노란 유채꽃밭에서
벌 나비가 유희에 든 모습을 바라보면서
사색에 잠기는 것 또한,
그대와 함께라면
이 봄날 더없이 좋을 것이다.

인생이란

인생이란
바람에 얹혀가는
구름 같은 것

인생이란
봄에 찾아왔다가 겨울에 물러가는
계절 같은 것

인생이란
돈에 일희 않고,
돈에 일비 않는 것

인생이란
일장춘몽과 같고,
화무십일홍과 같은 것

인생이란
가지고 온 것 없이 희로애락을 누리다
빈손으로 가는 것.

하늘

하늘에 하늘만 덩그러니 있다면
하늘을 어찌 하늘이라 하겠는가
하늘이 늘 쪽빛으로만 보인다면
하늘을 누가 아름답다 하겠는가

낮에 하늘이 푸른빛을 보이고
밤에 하늘이 검은빛을 보이니
하늘이 아름답다 하는 것 아닌가

아침에 태양이 희망을 안고 떠오르지 않고
밤에 별이 소곤대지 않으면
그 누가 하늘을 아름답다 하겠는가

한 달에 한 번 보이는
보름달의 미소가 없다면
하늘을 보고 어찌 아름답다 하겠는가

하늘 아래 구름의 유영이 없다면
어찌 하늘이 축복을 받겠는가

하늘 아래 뇌성벽력이 없고
비가 대지를 적시지 않으면
과연 만물이 존재하겠는가

하늘 아래 바람의 수다가 없다면
구름인들 존재하겠는가

하늘 아래 땅이 없고
인간이 존재하지 않고
있어야 할 것들이 없다면
하늘인들 무슨 소용이 있으랴.

춘화

우리 집 작은 정원을 지키는
레드스타와 화이트스타의
은은한 빛깔이 곱다

분홍빛 나비 모양 꽃받침에
앙증스러운 흰 꽃을 피운
부겐 발리아도 보기 좋고,
연분홍으로, 하얀빛으로
만발한 수국도
그저 바라만 보아도 좋다

얼마 전까지 화사한 모습의
꽃을 피웠던
영산홍이 꽃을 지워
다소나마 아쉽긴 하지만,

베고니아의 분홍빛 꽃
후리지아의 샛노란 꽃과 향취,
나리의 주홍빛 꽃향기,
제라늄의 붉은빛, 분홍빛 요염함
카 랑코 주황색 꽃
모두가 아름답기 그지없고,

장미보다 더 진한 향을 지닌

구문초도 보랏빛 작은 꽃을 피웠고,
아직 꽃을 피우진 않았지만
기개를 지닌 풍란의 모습도
내 보기에
빼어나게 아름답구나.

존재

거부는 부를 축적하기 위해
부단히 자기 자신을 바쳤을 것이고,
빈자는 가난에서 벗어나기를
갈망하며 살아왔을 것이다

벌 나비는 꿀을 얻기 위해
날갯짓을 멈추지 않고
이 꽃 저 꽃 향을 쫓는 것이고,
벼랑 끝에 의지한 노송은
어떻게든 살아남으려
자연의 순리에 따라
강한 바위에 뿌리를 박는 것이다

음습한 바위에 보금자리를 튼
푸른 이끼도 생을 위해
그 자리를 선택한 것이고
나뭇가지에 의지해 기생하는
겨우살이도 최적의 터전을 선택한 것이다

사람이 되었든
동식물이 되었든
무엇이든 존재의 가치는 있는 것
있어야 할 곳에 자리 잡고 있다면
크나큰 복이라 해야 하리라.

버릇

"세 살 버릇 여든까지 간다."라는 속담과
"제 버릇 개 못 준다."라는 속담이 있다

유아기 때부터 들인 습관이나 행동이
먼 훗날, 그 사람을 쓸모없는 몽돌로 만들기도 하고,
만인총중으로부터 추앙받는 군자로 만들기도 한다

썩은 고기엔 구더기가
우글우글 꼬이는 법이고,
향기 나는 아름다운 꽃엔
벌 나비가 찾아드는 법이다

사람의 심신도 다르지 않아
썩는 냄새를 풍기는 자에겐
구더기 같은 인간들이 모이고,
좋은 향기를 풍기는 사람에겐
선한 사람들이 모이게 마련이다

심신 수양을 잘한 사람이
타인으로부터 존경을 받는 것이니
남으로부터 인정을 받으려거든
겸손한 마음을 지니고
부지런한 버릇을 지니라.

수다

바람이 하는 말은
시시때때로 다르고
물이 하는 말은
깊이에 따라 다르다

악인의 입안에는
역겨운 냄새가 풍기는
말이 담겨있고,
선인의 입안에는
은은한 향기가 풍기는
말이 담겨있다

듣기 좋은 말만 하는 자는
아부하는 자요
듣기 거북한 말만 하는 자는
안중무인이다

백일 지난 해맑은 아기의
옹알이는 귀엽기만 한데
못난이의 횡설수설은
귀만 더럽힌다

듣기 좋은 말을 하려거든
격려의 말과 칭찬을 하고,

듣기 싫은 말을 하려거든
도움이 되는 말과 충고의 말을 하라.

통영 앞바다

늘 푸르기만 하던 남해가
폭염에 몸살을 앓고 있다

통영 연안 바다는
검붉은, 비단이 결코 아닌
주단을 입었다

바로 적조라는 놈이
바다에 물감을 타버린 것이다

남해의 다른 해안에는
녹조라는 몹쓸 놈이
바다를 파랗게 멍 들여 놓았다

이것들을 싹 쓸어갈
태풍이라도 다가오면 좋으련만….
양식업에 목숨 줄을 건 어민과 관계자들은
산더미처럼 폐사하는 고기들을 줄여보려고,
황토로 적조와 녹조를 잡고자
안간힘을 소진하고 있다

작금의 이런 현상은 다 무엇이랴
인간이 자연을 파괴한 대가요,
환경을 오염시킨 자들의

자업자득 아니런가

인간이여~!
당신들이 자연으로부터 안전해지려거든
부디 자연을 자연스럽게
놔두시게,

걱정

삼십 년 전에도
나는 한 그루의 나무를 정성껏 심었고,
이십육 년 전에도
나는 한 그루의 나무를 정성껏 심었다

기둥감으로 자라면 좋으련만,
서까랫감이라도 되기를 바라는 마음으로
자양분을 주며
혹시라도, 장마 때 홍수에 떠내려갈세라
산사태에 유실될 세라
태풍에 쓰러질세라
산불에 타 없어질세라
병충해로 명을 다할세라
보호하고, 방제하면서
자나 깨나 노심초사였다

다행으로 삼십 년 전에 심고 가꾼 나무는
기둥감은 아니지만
그런대로 곧게 자라 내게 보람을 주고 있다

그런데, 이십육 년 전에 똑같은 정성으로
심고, 가꾼 나무는
겉은 멀쩡해 보이는데
어쩐지 속이 꽉 차지 않은 것 같은 느낌을 주어

나로 인하여 다소간 실망감을 안기고 있다

비록 수년간의 격차는 있었으나
비슷한 환경에서 심고 가꾼 두 그루의 나무가
어떤 나무는 기대에 부응해 커 주었고,
어떤 나무는 기대에 미치지 못하니
마음 한구석이 허전하다

어쩌랴,
두 그루의 나무 모두 내가 심고 가꾼 것 아니던가
보다 더 큰 나무로 자라기를 갈망하면서
기도하는 마음으로 격려하며
나, 이 世上 다하는 날까지 살펴보리라.

욕심

하나보다는 둘이기를
둘보다는 열이 되기를
열보다는 백이 되기를
만보다는 억의 재물을 모으기를 바라는 마음을
그 누가 탓하리오

하지만,
억에 만족하지 않고,
억만장자가 되기 위해 수단과 방법을 가리지 않고,
돈의 노예로 전락한
금전 최상주의자의 과욕을 어찌 바라봐야 하오

꼴찌보다는 점점 앞지르기를 바라고,
이등이기보다는 일등이 되기를 바라는 마음은
이해하겠건만,
노력은 게을리하면서
일등이 되겠다는 마음은
지나친 욕심이 아니겠는가

너보다 나
우리보다도 나
어떤 누구보다도 나라는 자야말로
욕심으로 가득 찬 이기주의자가 아닌가

남의 것도 내 것
내 것도 내 것이라는
날강도 같은 마음의 소유자는
머리에 온통 욕심만 담고 다니는
짐승만도 못한 사람 아니겠는가.

향기

누구도 악취를
좋아할 리 없을 것이고,
코를 즐겁게 해주는 향기에
흥취 하지 않는 사람은 없으리라

은은한 냄새를 풍기는 허브들도
빼놓을 수 없는 향기일 것이고,
산야에서 지천으로 피어나는 만화가
콧속을 간질이는 냄새 또한
지나칠 수 없는 향기일 것이다

늘 푸름을 잃지 않는 소나무의 솔잎 향도
무척이나 정겹고,
활엽수나 들풀에서 나는 풋풋한 향기에서도
코는 그저 널뛰기 한다

아침마다 정성 들여 화장한 당신의 얼굴은
양귀비꽃처럼 아름답고,
그 향기에 나도 반취 되지만,
당신의 살결과 마음에서 나는
사랑스러운 사람의 향기에 의해
나는 만취하나이다.

고저

물水은 낮은 곳에 머무는 것을 지향하고,
山은 높은 육지를 지향한다
그 물과 땅은 자양분이 되기도 하고,
천재지변의 원흉이 되기도 한다

갈대는 낮은 곳에서 머무르고
억새는 높은 곳에 머무른다
낮은 곳의 갈대나
높은 곳의 억새 모두다
봄부터 싹을 틔워 가을에 생을 마감한다

그런데, 사람은 죄다 높은 곳을 지향한다

자연이 자연의 위치에 순응하듯,
낮은 곳을 지키는 사람도 필요한 것이요,
높은 곳에 자리 잡은 사람도 필요하다

단순한 짐승은 짐승다우면 되는 것이지만
그러나 명석한 사람은 사람다운 사람으로
세상에 존재해야 하리라.

후회

물을 마구 퍼 쓰면서도
그 샘물은 영원히 마르지 않을 것이라고,
나는 그렇게 어리석은 생각을 했었다
하지만, 그 물이 점점 줄어들고 있음을
많이 늦은 후에 알았다

하늘이 쾌청하고 따뜻한 날의 연속일 때
나는 느끼지 못했다
어둡고 을씨년스러운 날도 찾아온다는 것을

자연이 춘하추동에 적응하고 변모하며
나에게 크나큰 선물을 늘 안기고 있지만
나는 그 고마움을 몰랐다
그런 이치가 없다면
나는 세상에 존재할 수 없건만

우리 가족이 내 곁에 머무르며
나에게 끝없는 사랑을 베풀고,
푸근함을 주고 있지만
나는 그 사랑에 감사할 줄 몰랐다,
그렇게 사랑하는 이들과도 세상 다하면
영원할 수 없건만

이 세상에 살아가는 동안

모래알처럼 수많은 사람이
내게 힘을 주고 한없는 도움을 주고 있건만
나는 그들에게 보답하지 않았다
언제인가는 그들과도 말없이 헤어져야 하거늘

때늦은 후회 후회요,
뒤늦은 깨달음이지만
이제부터라도 고마운 것에 고마움을 알고,
함께해주는 이들에 대해 감사를 하며
남은 나의 生을 영위하련다.

봄을 기다리는 마음

산야는 백설이 주단이 되어 깔렸고,
북풍이 매섭게 고산준령을 넘어와서는
칼바람으로 변해 사람의 심신을 피폐하게 하고,
따뜻한 아랫목을 그립게 만들지만
이 겨울이 아주 길게 안주하지 못할 것이다

백설 위는 혹한이 기승을 부리지만
그 아래에서는 연녹색 잡초 사이사이마다
냉이가 살포시 고개를 내밀고
진즉부터 봄 처녀의 춘심을 기다리고 있다

버들개지 나목이 된 지 오래인지라
지금은 앙상한 자태를 보여주고 있지만
그 뿌리는 벌써 봄 냄새를 맡고
있을 것이다

아지랑이 봄바람에 실려와
산야에서 흐물흐물 춤추고,
벌 나비 꽃 향에 흠뻑 취해
비몽사몽에 들고,
사람들이 온통 춘경에 빠져 있음을
난 이미 꿈속에서 보았다.

겨울나무

지금 움직임이 없다고,
이 몸과 마음이 죽은 것이 아니외다

화려했던 모습이
초췌해졌다고
이 몸과 마음이 죽은 것이 아니외다

식음을 전폐하고,
실오라기 하나 걸치지 않고,
비몽사몽간
한자리에 꼿꼿이 서 있다고,
이 몸과 마음이 죽은 것이 결코 아니외다

나를 의지해 둥지를 틀었던 새들이
잠시 내 곁을 떠났다고,
내가 영영 초라해지는 것은 아닐 것이외다

지금 내가 나를 낮추지 않고서는
다가올 봄에 나는 부활할 수 없기에
심신을 낮출 대로 낮추고,
그저 죽은 듯이 지내는 것이외다.

농담

음식 맛을 내는데
없어서는 안 되는 것이
갖은양념이다

하지만 어떤 양념 재료이든
한 가지라도 지나치게 많이 가미하게 되면
과유불급이 되어
음식의 맛을 떨어뜨리는 것은 물론
먹지도 못할 지경에 이르게 된다

사람 간의 대화 속에
갖은양념과 같은 것이
은유요 비유요,
농담이리라

미사여구를 나열하는 것도 좋지만
때론 농이 섞이게 되면
서로의 얼굴에 웃음꽃이 만발하게 마련이요,
삶에 활력소가 된다

하지만, 타인을 비하하거나
상대에게 상처를 주는 비수 같은
저질적인 농담은 삼가야 할 것이다

왜냐면, 그대가 장난삼아 던진 돌멩이에
덩치 작은 미물이 얻어맞으면
그 생명은 영원히 불이 꺼지기 때문이다.

주도酒道

술 마시는데도 주도가 있는 법
다른 것도 처음 배울 때가 중요하지만
특히 술은 처음 배울 때
잘 배워야 한다

이 시대는 성인이 되면
어느 때부터인가 모두가 생업에 종사해야 하고,
나름대로 분주다사 하며
핵가족화 현상에 의해 어른들과 식사와
술자리를 갖기가 어려운 게 사실이다

그래서 요즘 젊은 세대들은
또래끼리 어울려 술자리를 자주 갖게 마련인데
술을 배우기 시작할 무렵
친구들끼리 마시는 술자리만 선호해서는
주도를 완전히 깨우치기 어렵다

술을 처음 접한다면
어른으로부터 주도를 배워야
바른 자세로 술잔을 받고, 비울 수 있는
술자리 예의를 터득할 수 있다고 하겠다

술의 특성상 타인들과 어울려 마시다 보면
자제력을 잃을 수 있고,

더 나아가 자신을 통제할 수 없는
지경에 이를 수 있으며
상대에게 해서는 안 될 실수를 할 수도 있기 때문에
술은 처음 배울 때
잘 배워야 한다는 것이다

또한, 술자리에서는 많은 대화가 오가기 마련인데
화조풍월花鳥風月을 즐기되
지나치게 말을 많이 해서는 안 된다

상대의 말을 잘 경청하고,
이해하는 태도를 보여야 하며
내가 말을 할 때는 횡설수설하지 말고,
조리 있는 말을 하면서
술자리를 즐겨야 한다고 하겠다.

술

술을 오 년 정도 마시게 되면
주도입신酒徒立身이고,

술을 십 년 정도 마시게 되면
주당입신酒黨立身이라

술酒을 이십 년 정도 마시게 되면
주도입신酒徒入神의 경지요

술을 삼십 년 정도 마시게 되면
주당입신酒黨入神의 경지라

술을 사십 년 정도 마시게 되면
주도입신酒道立身 경지요

술을 오십 년 정도 마시게 되면
주도입신酒道入神 경지에 이르게 되고

술을 육십 년 정도 마시게 되면
주신酒神의 경지에 이르게 된다.

봄꽃

앞 베란다 한쪽 구석을 차지한 영산홍이
올해도 연분홍빛 꽃을 피우기 시작했다

몇 해 전 겨울, 영산홍이 이파리를 모두 떨어뜨린 후
이른 봄이 되기까지 새 이파리를 내밀지 않아
얼어 죽은 꽃나무라 생각하면서도
실낱같은 희망을 걸며 포기하지 않았다

나무 밑둥치라도 살아 있기를 바라는 마음으로
겨울부터 정성껏 물을 준 결과 '지성이면 감천이라'
마침내 늦은 봄 밑둥치에서 새순이 나왔고
그 이듬해에는 몇 송이 꽃까지 피우더니
올해엔 사십여 송이의 탐스러운 꽃봉오리가 피어났다

부모가 자식에게 쏟는 정성 또한 이에 못지않건만
자식은 부모에 대한 보은을
어디 기대에 부응하던가
그래서 부모 사랑은 보답을 바라지 않는
내리사랑이라 하지 않던가
자연은 참으로 정직하기만 하건만….

자연으로부터 사랑을 받아온 봄꽃들이
여느 해와 다름없이 오롯이 그 자태로 오감을 자극하며
사람들을 춘경에 풍덩 빠트릴 날도 그리 멀지 않았다.

식탁에 오른 봄

아침 일찍부터 주방에서
분주하게 손놀림을 한 아내가
아침밥 상을 보기 좋게 차려놓고
가족들이 함께하기를 재촉한다

식탁 위에 오른 자줏빛 오곡밥과
각양각색의 반찬과 구수한 된장찌개가
이목구비의 지대한 관심을
불러 모은다

농부의 수십 번 정성 어린 손길에 의해
배추, 무, 총각무, 고들빼기, 갓이란 꼬리표를 달고,
적당하게 자란 후 거둬들인 부식들이
지난해 초겨울에 우리 집에 들러
아내에 의해 갖은양념과 어우러져 김치로 변신한 뒤
식탁에 올라 가족애를 키워 왔다

계절이 겨울에서 봄으로 바뀌어 가는 것을
실감하지 못하던 나에게,
어제저녁 무렵 충청도 산골의 백발할머니가
노점에서 냉이, 달래라는 봄을 곱게 다듬어
내게 한 보따리 쥐여주셨다

냉이, 달래라는 그 봄이

된장, 버섯, 두부 그리고 갖은양념과 조우하여
오늘 아침 우리 집 식탁에 올라
가족들에게 사랑과 행복이라는
선물을 듬뿍 안겨 주었다.

신호등

거리에서 보이는 삼색 신호등처럼
사람에게도 눈에 보이지 않는 마음의
삼색 신호등이 있다

마주 보고 다가가도 좋은 마음의
파랑 신호등이 켜질 때가 있고,
서로 간 잠시 멈춰서야 할 마음의
빨강 신호등이 있다

또한, 마주 보고 가던 길을
계속해서 가야 하는 마음의
노랑 신호등이 있고,
마주 보고 가던 길을 잠시 멈추어야 할 마음의
노랑 신호등이
우리 인간에게도 있다는 것이다

거리의 신호등을 무시하면 차량 간의 사고는 물론
흉기로 돌변한 차량이 사람의 생명을 위협하는 일이
비일비재할 것이다

하물며 사람 간에 지켜야 할
마음의 신호등이 없다면
인류는 세상에서 살아가는 의미를 잃고,
지구는 종말을 맞이할 수밖에 없을 것이다

아무리 작은 약속일지라도 경시하지 말 것이며
거리의 눈에 보이는 신호등을 잘 준수하듯,
사람 간 눈에 보이지 않는
마음의 신호등도 지극히 잘 지켜야 한다.

상춘

개나리와 벚꽃이 흐드러지게 핀 무심천에서
나 홀로 사색에 잠기는 것도
이 봄에 아주 좋을 것이고,

나를 좋아하는 벗들과 어울려 자동차를 타고
참꽃이나 살구꽃이 야산을 물들인 도로를 벗어나
하얀 파도가 부서지는 바닷가 횟집에서
추억을 쌓는 것도
무엇보다 좋을 것이다

마치 수줍은 여인의 얼굴색을 닮은
복사꽃이 만발한 내 고향 감곡의
비탈진 밭 구경에 드는 것도
어린 시절 추억을 더듬을 수 있어
더없이 좋을 것이고,

수양버들과 야생화가 산야를 물들인 냇가에서
내가 좋아하는 벗들과 어울려 술잔을 기울이며
화조 풍월을 읊는 것은
어떤 것과도 바꿀 수 없는 즐거움일 것이다.

3부

가을을 타는 남자

소통

물은 어디에 담겨있느냐에 따라
공중으로 소멸할 수도 있고,
또 다른 물과 만나 넓은 바다로
흘러갈 수 있다

그릇이 클수록 많은 양의 물품을
담을 수 있다는 것을
모르는 이는 없을 것이다

그런데 대다수 사람은
자기 자신이 어디에 담긴 물인지
또는 어떤 그릇에 해당하는 것인지
그 용도와 크기를 구분하지 못한다는 것이다

인간은 제아무리 큰 그릇이라도
세상의 모든 것을 다 담을 수 없는 것이
정 이치라는 것을 먼저 알고

아무 보잘것없는 작은 그릇이라도
나누어 담을 수 있는 물건이
무수하게 많다는 것을 깨닫고,
지혜롭게 이용하고 실천해야
모든 이가 추구하는
진짜 살만한 세상이 되리라.

축복

푸른 동해를 안은 울진의 밝고 융성한 기운 받고
파란 싹으로 움터
한그루의 대나무로 곧게 자라
오늘, 이 시각 이 자리를 빛내는 남아와

해마다 회춘을 할 때마다
수줍은 듯 아름다운 연분홍빛 복사꽃을 피우는
감골의 정기를 받고 태어나
올바르게 자라
오늘, 이 시각 이 자리에서
기쁜 마음으로 고운 빛을 띄우는 女兒가

만춘의 오후를 맞이하여
하늘로부터도 축복을 받고,
만인으로부터 사랑을 받으니
이 어찌 기쁘지 않으리오

바라건대
가정이라는 터전을 가꿈에
소홀함이 없기를 바라고,
사랑으로써 서로 위하고,
웃어른을 공경하고,

오늘 이 자리에서 너희를 축하해주시는

하객들의 기대를 저버리지 말지어다
오늘 이같이 기쁜 날,
다시금 기쁜 마음을 만인들과 더불어 표하며
만면의 미소로 축복하면서
새 보금자리 부디부디 행복으로 충만하고,
건강하기를 기원하노라.

사랑 타령

당신은 보고 또 보아도 좋은 내 사랑
꿈속에서도 좋은 내 사랑
눈에 맺힌 이슬이 호수보다 깊고,
얼굴에 아름다운 살구꽃을 피운 내 사랑

당신은 마음이 들판보다도
아니, 바다보다 넉넉하고,
생각이 저 하늘보다도 높은
내가 원하면 태산이라도 옮겨줄 내 사랑

당신은 때론 바람이 되어주고
때론 구름이 되어주는 내 사랑
낮에는 저 하늘의 태양이 되어주고
밤이면 저 하늘의 별이 되어주는 내 사랑

우린 원앙 같은 사랑이요,
무지개 같은 사랑이라
아, 사랑아, 사랑아 내 사랑이요,
사랑아, 사랑아 그대는 내 사랑이로다.

그리운 계곡과 바다

연일 이어지는 폭염으로부터
잠시라도 떨어져 지내고 싶은 삼복

작년 이맘때 더위를 식히려 찾았던
제천 송계계곡의
시원한 쪽빛 물살이 그립다

수년 전 여름 휴가철에 친지들과 함께했던
괴산 화양구곡의 물과 아름다운 경관이
어디 또 다른 계곡에 뒤지겠는가

이맘때는 아니었지만
수년 전 늦은 여름에 찾았던
백구가 날고,
백사장이 드넓은 태안반도
만리포 해수욕장도 눈에 아른거리고,
송림이 우거진 몽산포 해수욕장도
뇌리를 마구 흔든다

이렇게 정신까지 못 차리게 무덥고,
매미가 소란을 떨 땐
계곡과 바다가 헤어진 첫사랑처럼
그립고도 그립다.

불통

고집불통의 황소는
길들이기가 여간 힘들지 않다
주인이 이 소를 힘들여
길들이기를 하다 하다 지치면
도살장으로 보낼 확률이 아주 높아진다

사람 간 함께 어울려 어떠한 일에 대해
논의하거나 처리하려고 하면
그 해결방안이 달라도 너무 다르고
다른 이의 의견을
도대체 받아들이지 않는 사람을 종종 볼 수 있다

"사공이 많으면 배가 산으로 올라간다"는
속담도 있지만
그건 일부의 일로
한 사람의 결단력이 필요할 때 해당하는 말이지

가정이나 사회에서도
수장의 역할이 매우 중요하다는 것을
모르는 이는 없을 것이다

최종 결단을 수장이 할 때 하더라도
고집불통이라는 말을 듣지 말고,
"여든의 노인이 세 살 아기에게서도 배울 것이 있다"

는 속담처럼

아랫사람들의 여론을 청취하고 수렴해서
촘촘한 체에 거르고 거르듯
큰 산을 옮길 일이든
작은 산을 옮기는 일이든 간
그렇게 처리하는 것이
현명한 처사라 하겠다.

양심

적어도 영육이 건강한 사람이면
공중도덕이나 윤리를 중요시하게 된다

사람과 사람 간엔 어느 정도의
사이를 두어야 할 거리가 있다

근거리까지 접근해도 좋을 사람이 있고,
그렇지 않고 조금 떨어진 거리나
원거리에서 바라봐야 할 사람이 있다는 것이다

본인이 상대를 잘 알고 있다고 생각했던
그 상대가 정작 나를 잘 모른다고 한다면
한 발짝 뒷걸음질해
자기성찰부터 해야 할 일이다

정작 본인은 마음의 문을 빗장으로 걸어 잠그고
타인은 마음의 문을 활짝 열기를 바란다면
오만불손한 사람이다

공손하고, 겸손한
올곧은 양심을 지닌 자가
세상에서 인정받고 존경받아야 마땅하건만

남을 업신여기고,

남의 것을 우습게 알고,
남의 것도 내 것, 내 것도 내 것이라는
양심이 아닌 짐승의 양심을 지니고,
다른 사람 위에서 군림하려 드는 자가
혹여, 내가 아닌지 곰곰이 더듬고
또다시 더듬어 볼 일이다.

본보기

아이들은 어른이 하는 짓을 보고 듣고
그것을 따라 하거나 모방을 하고,
어른들의 언행을 보고 듣고
미래를 설계한다

어른이 어른으로 제대로 대접을 받으려면
내 집 아이부터 올바른 인성교육을
시켜야 한다

뉘 집 아이에게 싹수가 노랗다거나
버르장머리가 없다며 막말을 해대고,
손가락질을 마구 할 것이 아니라

내 집 아이가 다른 이들로부터 어떤 평가를
받고 있는지 심도 깊게 생각해 볼 일이고,
만약 좋은 평가를 받지 못한다면
제대로 된 가정교육을 하고 있는지
아이에게 좋은 본보기를 보여주고 있는지
가슴에 손을 얹고 자성을 할 일이다

어른은 아이에게 거울과 같고
교과서와 같은 존재다,
아이의 미래가 밝으려면
어른이 맑은 거울이 되어야 하고,
어른이 올바른 교과서가 되어야 하리라.

구토

며칠 전에 예약한
건강 체크를 위한 건강검진을
오늘 아침 일찍 근거리 건강검진센터에서
휴가기의 시간을 할애해 받았다

신체 이곳저곳 검진을 받은 후
위내시경을 검진받았는데
지난해 수면내시경을 받을 땐 모르고 지나쳤으나
금년에 일반 내시경 검진을 받아보니
헛구역질이 자꾸 나면서 속도 메스꺼워
순식간의 일이지만
여간 신경 쓰이는 게 아니었다

아, 어찌 위내시경 받을 때만
구역질이 나고 속이 메스꺼우랴
상하거나 독소가 들은 음식을 섭취해도
구역질이 나고 속이 메스꺼운 것이고

안 보면 모르고 지나갈 일이겠지만
전자보다 더한 것은
세상에서 보지 않아야 할 꼴불견을 보거나
안중 무인인 자의
썩을 대로 썩은 짓거리를 보노라면
이보다 몇 곱절 속이 뒤틀리고
구역질이 나는 것을,

한여름의 반일

새벽녘에 이슬을 머금고 피어났던 나팔꽃이
한나절에 이르러 삼복더위에 지쳐
고개를 떨어뜨렸다

울타리 밑에 들어 먹이사슬 삼매경에 빠졌던
햇병아리들도 더위를 견디기 어려웠던지
우물가에서 물을 들이켜곤
주둥이를 치켜세우고 하늘을 노려본다

가을에 빗자루가 되어 요긴한 몸놀림을 할
댑싸리도 제 그늘에
혓바닥을 빼고 헐떡이는 강아지를 품었다

마당 화단 한편에 자리 잡은 맨드라미는
수탉의 볏 같은 꽃봉오리를 풀어헤치고는
가을이 오기를 임 기다리는 큰아기처럼
학수고대하고 있다

어느새 해는 서산을 향해 달음박질하는데
마른하늘에서 시원하게 여우비가 내리다간 그쳤고
활엽수는 진녹색 잎사귀를 나부끼며
품어 안은 매미의 노랫가락에 빠져있다.

가을을 타는 남자

이렇게 하늘빛이 맑고 높은 날엔
그 누군가가 몹시도 그리워 진저리가 쳐진다

오늘처럼 이렇게 높게 뜬 흰 구름이
저 하늘의 방랑자가 되어 정처 없이 여행할 땐
나도 방랑자처럼 어디론가
그 누구를 향해 훌쩍 여행을 떠나고 싶다

지금처럼 온산이 노을빛으로 붉게 타고 있을 땐
내 마음도 오색의 단풍처럼 곱게 물이 든다

요즘처럼 갈대와 억새가 물가와 언덕에서
서릿빛 유혹의 손짓을 할 땐
가냘픈 모습의 그대가 더욱 보고 싶다

그래, 더 을씨년스런 마음이 내게 찾아들기 전에
이 가을이 다가기 전에, 더 늦기 전에,
바로 지금 전화기를 들고,
그대에게 내 마음을 고백해야겠다.

낙원

어느 사람이나
눈이 즐겁고,
귀가 즐겁고,
입이 즐겁고,
머리가 즐겁고,
영혼과 육체가 편안하기를 바라지만

인생을 영위하노라면
눈이 즐겁고,
귀가 즐겁고,
입이 즐겁고,
머리가 즐겁고,
영혼과 육체가 편안한 날들과 시간이
어디 그리 많더이까?

어느 사람이나
호의호식하며
좋은 차를 타고 호강하면서
낙원에 들어 살기를 바라지만
세상사가 어디 그리 녹록하더이까?

아침에 밥상머리에서 가족과 함께
오순도순 사람 사는 얘기 하고,
낮엔 하는 일에 매진하면서

타인들과 더불어 살아가는 얘기 나누고,
저녁에 집에 돌아와 편안히
누워 쉴 수 있는 몇 평의 공간이 있다면
이것이 곧 낙원이 아니겠는가?

영혼과 육체를 건강하게 가꾸고,
늘 머리를 맑게 하고,
언제나 좋은 생각을 하고,
매사 긍정적으로 받아들이고,
이웃과 잘 어울리고,
타인에게 배려하고, 이해하면서
그렇게 더불어 살아가는 것이
모름지기 낙원에서 사는 것이리라.

의리

세상이 하도 어수선하니
어느 것이 사실이고,
어느 것이 거짓인지
도대체 헷갈려 구분이 안 된다

참 뒤에 거짓이 숨어있는 것인지,
거짓 뒤에 참이 숨어있는 것인지,
숨는 자는 누구이고,
술래는 누구인지
도대체 알 수가 없다

이 사람을 믿어야 하는지
저 사람을 믿어야 하는지
높은 곳에 앉아 있는 이들을
어떻게 믿어야 하는지
부족한 내 두뇌론 판단이 안 된다

늘 밑진다는 장사꾼의 말도 믿기 어렵고,
학식을 갖췄다는 학자의 언행도 믿기 어렵고,
정치인도 어느 것 하나 믿을 수가 없고,
성직자의 말도 믿기 어려운 세상이 되었도다

도둑놈의 의리 같은
썩어 문드러진 세상을 원망하면서도,

그래도 아직 희망의 끈을 놓지 않는 것은
비록 가진 것 없고,
비록 갖춘 것 없지만
서로 상부상조하며
제 할 일을 밑바닥에서 묵묵히 하는 사람들이
더 많이 존재한다는 것이다.

침소봉대

나는 이순에 이르게 살아오면서
땅이 거짓을 일삼는 것이나
그 땅에서 자란 초목이나 곡식이 자연의 모습을 벗어나
거지꼴을 보이는 것을 본 적이 없다

또한, 그 땅을 터전 삼아 살거나, 물에 얹혀살거나,
나무에 기대 사는 동물이, 공중을 나는 날짐승이,
생존을 위해 약간의 위장술이나 속임수를 쓰는 것을
보긴 했으나
거짓부렁이한다는 말을 들어보거나, 그 어디서도 두
눈으로 보지 못했다

그리고 물이 처음부터 낮은 곳에서 높은 곳으로 거슬러 흐르는 것을 보거나
그런다는 말을 들은 적이 없다

우주 만물은 이치대로 움직이거나 생긴 대로의 모습을 보여주면서
제 자리를 지키고 있는데

우리 인간은 뭐에 그리 감출 것이 많고, 거꾸로, 보여줄 것이 많은지?
늘 자기 자신을 포장하고, 개구리 울음보 부풀리듯 크든 작든 무엇이나 부풀리려 한다

인간사 새옹지마요,
감춘다고, 숨긴다고 없어질 것도 아니고, 부풀린다고
커지는 것 없나니

잘났으면 잘난 대로, 못났으면 못난 대로
생긴 대로 자연에 순응하며 살아가세.

풍경화

갓 피어난 버들개지나 개나리를 비롯한
봄꽃을 화선지에 희망의 상징으로
그리는 것도 좋을 것이고

여름이라면
세월의 흔적을 고스란히 안고 있는
낙락장송을 화폭에 채우거나
벌 나비가 내려앉은 여름꽃을 그려 넣어도
운치가 있어 좋을 것이요,

가을이라면
오색단풍이 물든 산수화도 좋을 것이고,
바닷속 오색 산호초로 화선지를 물들이는 것도
황홀할 것이다

지금 같은 겨울이라면
첫눈이 내리는 풍경을 그리거나
아이들이 바람을 등지고 날리는 방패연이나
꼬리연을 그려 넣으며
추억을 더듬는 것도 좋을 것이다

아름다운 자연을 그리는 것도 참으로 좋지만
진솔한 마음으로 사시사철 나를 바라보고,
사랑으로 늘 나를 대하는 당신의 마음을

내 마음의 화선지에 그려 넣는 것이
무엇과도 비교할 수 없을 만큼 뜻깊고 아름다울 것이
다.

청산유수

말에 힘이 실려 있으니 자신만만한 것이요
나름대로 조리가 있으니 궤변은 아닌 듯하다

과정이 좋은 것 같으니 결과도 좋을 듯한데
그놈이 받아든 성적표는
초라하기가 썩은 초가지붕과 같도다

공적은 사상누각이요,
사고력은 서생원과 별반 다름이 없도다

그놈의 말을 믿느니
마른하늘에서 뇌성벽력이 치기를 바라는 것이 빠를
듯하다

그놈과 같은 하늘을 이고 사는 내가
어찌 보면 더 한심하기 짝이 없는지도 모르겠다

허허허 어쩌랴!
죽은 나무에서 싹이 돋기라도 바라야지.

만추에 내리는 비

엊그제까지 들판엔 황금 물결이 출렁이었는데
어느새 공허한 이야기만 품은
황량한 공간으로 변모했다

그저 풍요롭기만 하던 이 가을이
빈 들판처럼 초라하기만 하고,
나그네의 마음도 덩달아 비어간다

아직 산에는 오색단풍이 제 색깔을 담고 있고,
소국도 샛노란 꽃을 하늘을 향해
치켜세우며 매무새를 다듬고 있건만

이 가을은 뭐에 그리 쫓기듯
겨울을 재촉하는가?
만추의 휴일 새벽부터 추적추적 비가 내린다.

주는 즐거움 받는 기쁨

그 누구나 자기가 얻은 보배를 소중하게 여기고,
그 보배를 오랫동안 간직하기를 소망한다
그 누구나 자기라는 소우주를 귀중하게 생각하고,
그 소우주를 어떤 누구보다 사랑하며
그 소우주는 남으로부터 추앙받기를 원한다

내가 자나 깨나 아끼던 소중한 물건을
그 누군가에게 선물로 주어보라
아깝다는 마음을 접고 주게 되면
베푸는 즐거움이 배가 될 것이다

그 누군가에게서 몹시 아끼던 물건을 선물로 받아보라
그가 평소 제 몸처럼 아끼던 물건을,
그에게서 아무런 조건 없이 받았다면
나누어 받은 기쁨이 한없이 클 것이다

나의 아낌없는 마음을 그 누군가에게 주어보라
진심 어린 마음을 그 누군가에게 주었다면
주는 즐거움이 점점 더 고조되리라

그 누군가에게서 참된 마음을 받았다고 생각해보라
그 누군가로부터 진심 어린 마음을 받은 것으로 인해
당신은 크나큰 감동을 할 것이고,
당신의 진솔한 마음을 그에게 되돌려주게 될 것이다

그 누군가를 아무런 조건 없이 사랑해보라
사랑하는 이는 사랑하는 마음으로부터 지극한 즐거움을 얻을 것이고,
사랑받는 이는 사랑받는 마음으로부터 지극한 기쁨을 얻을 것이다.

기고만장

고래도 칭찬을 하면 춤을 춘단다
말 못 하는 아기도 예쁘게 하는 짓을
'잘한다, 잘한다'하면 점점 더 잘한다

고래가 사람의 칭찬에 춤을 추는 것이나
아기가 반복된 재롱을 떠는 모습은
보고 또 보아도 질리지 않고 좋다 할 것이다

새싹이 자라나며 미래를 설계하고,
일취월장하며
쌓아가는 지식과 재주는 보고 또 봐도 좋기만 하다

사노라면
어떤 인간은 목불인견에 꼴불견으로
뭇사람들의 눈과 귀를 더럽힌다

허우대는 멀쩡하고 겉보기엔 나무랄 데 없어 보이건만,
머리가 비어있는 게 확실하다

개과천선이라도 하면 좋으련만,
기고만장에 안하무인이라

이런 화상은 눈에 띄도록 곱게 하는 짓이 있어도
절대로 칭찬을 하거나 손뼉을 쳐주지 마라

범인들의 갈채가 그의 눈과 귀를 더욱더 먹게 하여
분명 사람임에도 인면수심의 짓거리를 하나니.

다시 붓을 들며

찰나의 꽃놀이
마실일 거라 다짐했건만

마음은 달음박질하고
허공에 뜬 몸뚱이는 일엽편주라

님의 기다림은 아랑곳하지 않고
허공에 삿대질만 하는 꼬락서니라니

아! 쏜살같은 세월이
육십 년의 등성이를 넘었구나

다시는 님의 곁을 떠나지 않으리
그리고 깊은 마음으로 고백한다

사랑한다고,
그리고
죽는 날까지 늘 당신 곁을 웃으며 지키겠노라고

4부

밤에 떠난 여행

눈 내리는 날

벽난로에선 장작불이 타닥타닥
어린 시절의 추억을 더듬으며
고구마와 알밤이 구수한 냄새를 풍기고 있고,

온돌방 구들에선 따뜻한 온기가
밥사발을 이불 밑에 묻어두었던
아련한 옛날의 기억을 떠올린다
창밖 뒤뜰에선 나목이 되어
까치밥을 넉넉하게 남긴 감나무에서
까치가 주린 배를 채우고 있고,
생전의 어머니 모습을 떠올리려
장독대를 바라보았으나
눈 덮인 장독 앞엔 어머니의 모습이 없었고,

아직도 그칠 줄 모르는 눈발은
나를 향수에 젖게 만들고,
겨울은 투정을 부려대며
점점 깊어만 간다.

회상

뜨거운 혈기 마음만 먹으면
안 되는 일, 못할 일이 없을 것만 같았다
막연히 꿈꾸는 대로
이루어지는 줄 알았다

어쩌랴,
인생이라는 수레가
어디 그리 순탄하게만 가던가

평지에선 아주 잘 구르던 놈이
언덕을 오를 땐 힘에 부쳐 버겁기만 하고
길이 너무 험하거나
진흙탕을 만나면 옴짝달싹도 안 하는 것을

수레바퀴를 바꾸기도 여러 차례,
내 인생의 수레는 조금 남은 알곡을 싣고
이젠 칠 부 능선을 향해 오르고 있다

후유,
잠시 숨을 고르며 뒤를 돌아본다
아, 흘러간 청춘이여

그리운 친구들

눈감고 옛 생각에 들면
지금도 잊히지 않는
아니, 잊을 수 없는 고향산천이
주마등처럼 뇌리를 스친다

낮부터 땅거미 내릴 때까지
이야기꽃을 피우며 웃고 장난치던,
마냥 좋았던
그 유년 시절이 그립다

보고픈 친구들
자나 깨나 아른거리는 임들의 얼굴
다시 만나면
옛 추억을 되새길 수 있으련만

몹쓸 놈의 전염병이 세상에 창궐하여
발끊은 지 꽤 오래다
만나지 못함을 한탄하면서
다시 만날 날을 학수고대한다.

봄

잔설이 채 녹기도 전부터
삼매에 빠뜨리던 복수초가
꽃을 피우고 지운지 달포가 지났고

나목이 이파리를 내민 게
엊그제 같은데
어느새 짙푸르게 변해가고

종다리 높이 날고
이랑 긴 밭고랑의 청보리도
쑥쑥 자라고 있어

만물은 봄기운에
점점 취해 가건만,

무슨 연유로 인간들의 마음엔
여태껏 이 봄이 봄이 아니란 말인가?

공수래공수거

두 사람의 인연으로
흙수저 벌거숭이로 세상에 왔지만
남부럽지 않았다

자라며 친구가 하나둘 생길 때부턴
세상을 다 얻은 것 같았고

그 꿈은 꽤 오래갈 것만 같았건만
세상은 그렇게 녹록하지 않았다

생은 공기 한 방울
물 한 모금, 풀 한 포기와도 전쟁과 같지만
더불어 살아야 마음이 편함을
때늦은 뒤에야 깨달았다

그래,
올 때도 빈손
갈 때도 빈손

늦봄

요사이 산책로에 들면
산새들이 재잘거리며 어서 와라, 반기고

이름 모를 야생화가 각양각색의 얼굴로 맞이하고
바람결에 송홧가루는 노란 꽃보라 친다

꽃보라 속에서
문득, 제상에 올랐던 다식과
할머니 생전의 모습이 교차한다

초목은 해마다 봄이 오면
새싹이 돋아나고 꽃을 피우건만

어찌하여 인간은 노쇠하니
몸뚱이에 깊은 밭고랑만 점점 늘어갈꼬?

밤에 떠난 여행

대관령을 넘은 시각이 새벽 두 시
곧 도착한 강릉의 야경이 꽤 휘황찬란한데

하늘엔 하현 반달이
한 뼘쯤 떠올라 은은한 빛을 발하고
밤바다는 파도 소리를 높이며 운치를 더하네

바닷가 횟집에 들어
회 한 점에 술 한잔을 기울이니
어디 신선이 따로 있겠는가?

내자와 올가을 결혼 날짜를 잡은
아들 녀석과 며느리가 될 큰아기와
더불어 새벽 시간을 보내노라니

아, 이야말로 금상첨화로다.

별 그리고 인간

맑은 날 한밤중에
하늘을 올려다보라

달이 뜨나, 지나
뜨는 달이 초승달이든
보름달이든 상관치 않고
무수히 떠 있는 별들이 있다

하늘을 빼곡히 채운 은하의 강을 보라
이 얼마나 아름다움의 극치인가

가끔 꼬리를 늘어뜨리며 떨어지는 유성을 보라
우주의 신비에 입을 다물지 못하리라

말 없는 별들도 스스로 흔적을 남기는데
말 많은 인간으로 세상에 왔으면
무언가 하나는 남겨야 않겠는가?

꽃들의 향연

동네 어귀 동산에 흰 꽃을 촘촘히 피운
아카시아가 진한 꽃향기로
사람의 발걸음을 붙잡고

뉘 집 담장을 휘감은
장미 역시 빨강 분홍 꽃을 피우고는
고혹적인 자태로 여인들을 유혹하고 있다

산중에는 찔레가 새하얀 꽃을 피우고선
벌 나비를 불러모아 잔치를 베풀고 있고

여기저기 높고 낮은 곳 가리지 않고
이름 모르는 야생화들이
각양각색의 모습으로 한껏 제멋에 젖어 있다

식물들은 각기 다른 모양 다른 향기로
사람들의 오감을 자극하며 즐거움을 주는데
사람들은 자연을 스스럼없이
파괴하고 있으니,

저 아름다운 모습을 오래도록 볼 테면
자연은 있는 그대로 놔두는 게 좋을 것일세.

밤비

오늘처럼 하염없이 비가 내리는 날이면
눈에 가득 찬 그대가
불쑥 내 마음을 흔들어 더욱더 그립습니다

이렇게 그대가 보고픈 날은
함께 비를 맞으며
그대와 나의 마음을 흠뻑 적셔보고 싶습니다

오늘같이 밤비가 쉼 없이 내리는 날엔
그대와 단둘이서
미지의 세계를 걷고 싶습니다

그렇게 걷다가
분위기 살려주는 술집에 들러
탁자를 사이에 두고
주고받는 술잔에 서로의 마음을
담아 보겠습니다

시간이 흘러 술잔에 취기가 서리면
그윽한 눈으로 그대를 바라보며
그동안 마음에 담아두었던 말들을
진솔하게 털어놓겠습니다.

그저 평범한 일상이 그립다

이웃과 만나면 반갑게 인사하고
서로의 안부를 묻던 때가 언제였나?

친지 친구들과 만나 이야기꽃을 피우며
술잔을 부딪친 게 언제였던가?

어느 날부터인가 마스크로 늘 코와 입을 가리고
급기야 어느 곳에서는 사람이 만나지 못하는
집합금지를 잉태했다

듣도 보도 못한 COVID-19라는 바이러스가
범유행이 되더니
일 년 육 개월이 되도록 사람들을 공포에 떨게 하고
아직도 물러설 기미가 없다

살림살이는 더 궁핍해져 가고
마음은 피폐해져 간다

누가 특별한 대접 받기를 원하고 구하던가?

그저 만나고 싶은 사람 만나고
가고 싶은 곳 시간 안 가리고 가고
먹고 싶은 것 먹던
그저 평범하던 때가 그립다.

당신과 나

기쁠 때는 마주 바라보며 밝게 웃고
슬플 때는 괴로움을 함께 나누는
당신과 나는 인생의 동반자

자나 깨나 자식들 잘되기만을 바라고
그 자식들이 행복하기를 간절하게 비는
당신과 나는 기도하는 어버이

병들거나 성하거나
기나긴 여행을 함께하는
당신과 나는 끝없는 방랑객

검은 머리 파 뿌리로 변해가고
육신이 쇠퇴해져 가도 함께해서 좋은
당신과 나는 한 쌍의 원앙

함께 산 날이 명주 실타래같이 길고
함께 살날이 노루 꼬리처럼 짧아졌지만
당신과 나는 서로의 위안이 되는 영원한 반려자

안 보면 보고 싶고, 보면 소 닭 보듯 하지만
있어야 할 곳, 늘 제 자리에서
당신과 나는 서로를 지켜주는 파수꾼

장마

맑은 하늘에 갑자기 먹장구름이 소용돌이치고
바람이 세차게 불며 뇌성벽력이 치고
장대비를 수일간씩 뿌려대고

산 위에서 나무가 흔들리며 뿌리째 뽑혀
붉은 토사와 흘러내리고
집채가 힘없이 쓸려가는 모습을
넋을 잃고 바라보기만 할 뿐

강물이 범람해 농작물과 집짐승을 잃고
삶의 터전을 송두리째 빼앗기며 울부짖는
이재민이 생겨나는
그런 악마의 소행을 지켜봐야 하는
물 폭탄 전쟁터 같은 장마는
우리 인간은 두 번 다시 원치 않나니

신이시여~!
올해 이미 시작된 장마를 부디 곱게 다루시어
적재적소에 적당한 비만 내리게 하시고
개구리, 맹꽁이 살판났다 노래 부르는
평화로운 들판이 되게 하시옵고
장마가 너무 짧지도 길지도 않게 머물렀다가
떠날 땐 고운 님 풍년가 부르며 떠나듯
그렇게 하소서.

잡초와 돌

필요 없는 장소에 자리 잡으면
화초라 해도 대접을 받지 못하니
누구에겐 가는 불필요한 존재요

필요한 곳에서 무성하게 자라면
비록 잡초라 할지라도 귀한 대접을 받게 되니
뉘라 서 손가락질을 할꼬

모난 돌은 모가 난대로 석수장이에게
귀한 대접을 받을 것이고

둥근 돌을 그 모습대로 예술가를 만나면
나름의 대접을 받을 것이로되

잘났다고 우쭐댈 것도 없고
못났다고 주눅 들 것도 없으리라.

들꽃

초봄에 하얀 잔설을 뚫고 올라와
노란 꽃을 피우는 복수초는
아기처럼 앙증맞게 아름답고

민들레는 솜 방울 같은 새하얀 꽃송이를
초연하게 봄바람에 분신으로 날려 보내
내세를 기약한다

할미꽃은 양지바른 언덕에서
자신을 낮추고 허리를 굽힌 채
자주색 꽃을 피워 겸손하게 피어난다

개망초는 연둣빛 꽃대를 키워
국화도 아닌 것이 국화 흉내를 내며
흰 꽃을 피워 그런대로 아름다운 모습으로
뭇사람들의 사랑을 받는다

군무를 이루며 피는
샛노란 유채꽃의 아름다움은
무엇과도 견주기 어렵다고 할 것이다

도라지꽃의 아름다움도 빼놓기 어려울 것이고
그 밖의 이름 모를 들꽃들이
산야를 아름답게 수놓아
사람의 눈을 호강스럽게 한다.

사모곡

어머니, 어머니!
불러도 대답 없는 이를
마음속으로 되뇌며
오늘 다시 또 당신을 부르나이다

낮이나, 밤이나
꿈속에서도
보고 싶은 어머니여!
기도하고
목놓아 불러봐도 오시지 않는 이여!
당신이 되돌아오지 못하는
山을 넘으신 지가
어언 삼십 년의 세월이
전광석화처럼 흘렀네요

당신께서
스무 살도 안 된 나이의 셋째 아들을
병사로 그만 일찍 잃으신 후
한탄만 하시며
눈물로 세월을 보내시다
그렇게 당신께서도
눈도 제대로 감지 못하시곤
그 아들을 따라
이 세상을 일찍 하직하셨나이다

어머니, 어머니!
내 어머니!
저 세상의 어머니여!
그곳에서 먼저 간 셋째와
이십일 년 전 이 세상을 떠난 둘째 아들,
이십여 년 전에 같은 곳으로 향하신
아버님은 만나셨나이까?

어머니, 어머니, 내 어머니!
저세상의 어머니시여!
이놈이 자나 깨나
눈물로 강을 만들며
어머니!
당신의 영면을 비나이다.

일상

아침에 일어나면
하루가 시작되고
늦은 밤에 귀가하면
잠자리 들기에 바쁜
매일 반복되는 삶을 영위하지만

그래도 하루하루가
이 얼마나 소중하고
얼마나 기쁜 일인가!

오늘이란 날이
내게 없다면
내일이라는 날은 없는 것

그런고로
오늘이라는 날은
내 생애의 최고의 날임을 명심하자

하루하루가 즐겁다고 생각하면
즐거운 일이고
하루하루가 고통스럽고 지겹다고 생각하면
괴로운 일이다

모든 것이 내 생각하기 나름이니

매사 긍정적인 마음으로 살아감이
당연지사 아니리오

모든 것을 기쁜 마음으로 받아들이면
무엇과도 견줄 수 없을 만큼의
행복을 누리리라.

동행

여보시게 친구!
자네와 내가 태어난 곳과 때,
살아가는 방식은 다르지만

인생이라는 여행을
마음으로라도 함께하고 있고

자네와 내가 같은 배를 타고
같은 방향으로 가고 있으니
이 얼마나 즐겁고 행복한 일인가

한 시대를 같이 한다는 것
같은 시공을 공유하는 것
이 자체에 의미부여를 할 수 있는 것이지

여보시게 친구!
서로 간 안부를 묻고
안위를 걱정하고
순탄한 여정이 되길 바라는 마음

자네와 나는 그것만으로도
축복받은 것이라네

여보시게 친구!

죽는 날까지
우리 마음 변치 말고
우정과 사랑 이어가세.

팔월 한가위

그래, 좋다 좋아!
이렇게 모이니 얼마나 좋은가?

딸 사위 아들 며느리 손주 온 가족이
두런거리며
밥상머리 이야기꽃을 피우니 좋다

송편과 녹두 빈대떡을 베어 무니
부모님 살아 실제의 체취가 풍기고
내 형제 어린 시절도
주마등처럼 뇌리를 스치며 떠오른다

늦은 오후부터 나드는 일가친척
주안상에서 정감을 자아낸다

한밤중 휘영청 밝은 보름달을 올려 보노라니
젊은 날 저 달을 보고
소원을 빌던 추억이 새록새록 떠오른다

그래, 좋다 좋아!
팔월 한가위 보름날 저녁
감흥에 젖으니 좋다

구겨진 일상을 잠시라도 잊자꾸나

오늘은 저 보름달처럼 큰 명절이니
詩 한수로 감흥에 빠져 보자.

자아

부모님의 슬하에 태어나
알아듣지 못하는 갖은 옹알이를 하고
말문이 트여 친구를 사귀고
젊은 시절을 보내고
아내와 자식들과 사랑을 나누고
손주의 재롱을 보며 즐거워하고
초로의 삶을 영위하고 있지만

자아를 제대로 인식하고
제대로 된 생각을 하고 있는지?
올바른 판단을 하며 살고 있는지?
나 자신에게 되묻지 않을 수 없다

혹여, 아내와 자식들에게 잘못하는 것은 없는지?
타인에게 나 자신도 모르게 피해나 상처를 준 적은 없는지?
타인에게 도움이 되는 말과 행동을 하고 있는지?
다시 한번 되묻고 있다

언행은 진솔하게
마음가짐은 올바르게
나 자신에게는 똑바로
타인에게는 좀 더 관대하게
용서와 이해 배려하는 마음으로 대하며
길지 않은 여생 영위하련다.

황화 코스모스

낮은 자리에 피어났지만
곱고 아름다운 자태로다

연약해 보이지만
넘치는 야성미로
님을 유혹해 오랜 입맞춤을 하고 있다

황화 코스모스와 벌은
자연의 축복을 온몸으로 받으며
며칠 전에 신접살림을 차렸다

황화는 이제 얼마 지나지 않아
또 다른 황화를 잉태할 것이다

그 황화는 내년 봄에 시집을 갈 것이고
여름이 되면 또 다른 황화를 잉태하리라

자자손손 낮은 자리에 자리 잡을 것이나
넘치는 야성미로
황화 코스모스는 아름답게 부활할 것이다.

여로

인생이란?
온갖 풍상우로설을 겪으며
머나먼 길을 가는 것이다

그 길은 생면부지의 사람을 만나
이런저런 경험을 함께하고
때론 동행하고 때론 이별하면서
종착역을 향해 가는 것이다

홀로 가기가 두렵고 외로우니
친구, 부부라는 인연으로
동반자와 함께 가기를
기꺼이 받아들이며
어느 때인가까지 같이 가는 길이다

산책로처럼 순탄한 길을 가다가도
험준한 준령을 넘어야 할 때도 있다

때론 강과 바다도 건너야 하고
때론 가시밭길을 걸어야 할 때도 있다

가기 좋아도 가야 하고
가기 싫어도 가야 하는 길이다

이왕에 가는 길이니
즐거운 마음으로 가고
행복하다는 마음으로 가자

인생 길
너무 빠른 걸음으로 아닌,
너무 느린 걸음도 아닌
가기 힘에 부치지 않을 정도로
적당한 속도로 맞춰
종착역으로 향해 가자.

민심

전염병이 기나긴 날 창궐하니
살기가 점점 각박해진다

부익부 빈익빈 현상이
날로 심해지니
그야말로 양극화 현상의 심화로
여유로운 자와 어려운 자들이
얼굴을 맞댈 기회조차 없다

이 나라의 땅값과 새 아파트 가격은
천정부지로 치솟았고
젊은이들은 둥지 마련할 기회가
송두리째 사라졌다며
아우성친다

모든 이가 의식주를 쉽게 해결할
방법은 없는 것인가?

작금의 현실에서 벗어나는
묘책은 없는 것일까?

위정자들이시여
본인들의 배만 불리는
자신들을 위한 정치는 그만두고

백성들을 위한 정치를 하시라.

부디 작은 것 적은 것에서부터
공정하고 공평하게 하시라

그리하여 믿음과 신뢰를
쌓으시라

믿음과 신뢰가 있고
정의가 살아 있고
희망이 있는 국가를 만들어야
백성들이 위정자들을 따르지 아니하겠는가?

소국

늦가을 향기 가득 머금은
샛노란 소국이 소담스레
뜰 한쪽에서
나그네의 발걸음을 잡는다

그러잖아도
가는 세월이 고독을 곱씹게 하고
외로움을 키워가건만….

살갑게 옹기종기 모여 앉아
정담을 나누는 국화의 모습에
나그네의 마음은
허전함이 더해간다

허허허
너털웃음으로 자신을 위로하며
저녁 노을빛 이내 인생이
얼마나 좋은 때냐며,
자화자찬에 빠져든다

그래,
너나, 나나
이래도 한세상
저래도 한세상 이렸다.

5부

봄꽃들의 향연

육지와 바다
2022년 청향문학 10회 시부문 우수상 수상작

육지가 어머니의 마음과 같다면
바다는 자식의 마음에 견줄 수 있으리라.
참으로 오랜만에 바닷가에서
나는 어머니를 그려본다

뭍이 품은 바다가
물결에 응석으로 일렁이더니
이내 높은 파도가 되어
어머니의 품으로 다가와
흔적도 없이 산산이 부서진다

어머니는
그 성난 자식을 사랑으로 감싸며
기꺼이 품에 안는다
어머니는 철없는 자식이
다시 자신의 품으로 안기기를 갈망한다

바다는 다시 파도로 돌변해
육지에 하얀 포말을 남기며 사라진다
육지는 못내 아쉬움에 한숨을 짓는다
바다는 안타깝게도
어머니의 마음을 헤아리지 못한다.

친구

벗이여!
우리 얼굴 보며 술잔을
기울여 본 게 언제든가?

내가 전화를 하거나
자네가 전화할 때
언제 얼굴 한번 봐야지 한 게
벌써 수년의 세월이 흐르지 않았는가?

뭐, 그리 먼 곳에 떨어져서 사는 것도 아니건만
그렇다고 우정에 금이 간 것은 더더욱 아니고,
무엇이 우리를 서로 간 소원하게
만들었단 말인가?

곰곰이 생각에 빠져봐도
도무지 알 수가 없군
바쁘다는 것도 핑계요,
시간이 없다는 것도 이유가 될 수 없고
전염병이 창궐해 두려워서도 아닐 텐데…

여보시게 벗님이여!
올해 한해가 또 저물어가는구려
지금 서산을 물들이는 저 황혼빛 노을처럼
우리도 서서히 기우는 나이일세

여보시게 친구!
우리 이 겨울이 가기 전에 만나
술잔을 기울이며
회포나 풀면서
금란지계를 쌓아가세.

雪花

오대산 천년고찰 상원사에선
고승들의 불경 소리 청아하게 울려 퍼지고
이 가을에 빨갛게 익은
단풍은 곱기만 하다

첩첩산중 골짜기를 흐르는 옥수는
수정 빛보다도 맑고
리듬을 타며 흐르는 물소리는
귀를 즐겁게 한다

두어 사람이 두 팔로도 안을 수 없는
전나무 고목은 하늘을 찌를 듯 서서
산객을 푸른빛으로 맞이하고
진녹색 활엽수 이파리들은
어느새 황금색 낙엽이 되어 뒹군다

산 오르막길에 가지런히 놓인
자연석과 나무계단은
고맙게도 산을 찾는 이들의
심신의 피로를 덜어준다

비로봉 정상 주변에
이 계절에 벌써 내려 쌓인 눈은
설경과 설화로 눈 호강을 시키며
아름다움의 극치를 보여 준다.

겨울날의 추억

유년 시절!
백설이 하얗게 대지에 쌓인 날
눈사람 만들어 마당에 세워놓고
사촌 형이 만들어 준 방패연을
벌판에서 날리던 즐거웠던 낭만이
새록새록 떠오르고,

아궁이에 불 지펴 밥 짓고
소죽 쑤고 담아놓은 화롯불에
동생들과 고구마 구워
입 주변이 검어지도록 먹던 기억
그 화로에 석쇠 올려놓고
구워 먹던 쑥떡과 가래떡 생생하고,

얼음판에서 얼음 지치던 기억
모닥불에 젖은 양말과 옷 말리다
태워 먹고 어머니께 꾸중 듣던 기억도
잊히지 않는 기억이다

친구들과 구슬치기와 딱지치기하고
동구 밖 들판에서 야구와 공차기하던
기억도 잊지 못한다
이제는 다시 돌아갈 수 없는 시절!
그때가 몹시도 그리운 건
나만의 향수이런가?

만추의 정취

오색으로 곱게 물들었던 단풍이
제 시절을 뒤로하며
낙엽이 되어 땅바닥을 뒹굴어
마음마저 스산하다

계절을 바꾸며
형형색색으로 사람의 눈을
호강시키던 꽃들도
다음 해를 기약하며
한해의 추억으로 남겨졌다

산 중턱을 하얗게 물들인
높은 자리를 차지한 억새와
물가 낮은 곳에서
제 할 일을 마친 갈대는
저물어가는 가을을 만끽하며
갈바람에 고운 춤사위를 보인다

삼삼오오 사람들의 옷차림도
이젠 두껍고, 어두운 색상이고
굳게 다문 입술은 언제 열리려는지
조금은 삭막하다

겨울은 아직 오지도 않았건만

벌써 봄이 기다려지는 것은
희망으로 가득한 시기가 도래하기를
바라는 마음이 그만큼
간절하기 때문이리라.

이 가을을 보내며

오색단풍과 가을꽃으로
산야를 곱게 수놓던
아름다움으로 가득했던 계절이
동장군의 기세에 눌려
이젠 물러가는 모양새다

조금은 여유롭던
내 마음마저
각박함이 스며들고
투박한 느낌이 배어난다

그래도 나름, 위안이 되는 것은
사랑하는 사람들이 곁에 있고
다가오는 겨울은 겨울대로의
아름다움이 있다는 것이다

심산유곡의 얼음산도
운치가 있어 좋고
눈 내리는 밤의 정취도
나름의 황홀함이 있다

계절이 바뀌면 바뀌는 대로
한 해가 저물면 저무는 대로
모든 것이 자연의 섭리요,

소우주의 이치리니
인간은 주어지는 대로 받아들이고
서로 사랑하며 존중하고
더불어 살아가면 금상첨화 아니겠소.

겨울이야기

엊그제까지 풍요를 누리던 계절이
북풍에 떠밀려 멀찍이 물러갔다

나목으로 변한 나무들도
기세등등한 동장군이
이제부터 얼마나 극성을 떨지 아는 듯
조용하게 제 자리를 지키고 서 있다

수은주가 빙점 아래로 곤두박질치는
날들이 이어지면
유년 시절의 추억이 새록새록 떠오른다

눈 내리는 날들의 기억이
눈싸움하던 때가
연 날리던 언덕이
얼음 지치던 날의 생각이
타닥타닥 불이 타던 아궁이가
그 불에 뜨끈해진 아랫목이
불씨가 남은 화롯불,
화롯불에 구워 먹던 고구마와 감자,
모두가 옛날이야기가 되었구나

이제부터 우리들의 겨울이야기는
새봄이 찾아오는 그 날까지

끊임없이 밤낮을 가리지 않고
너와 나의 마음과 마음을 통해
이어질 것이다.

단풍

초봄 앙상한 모체를 헤집고
아주 연약한 모습으로 소생해
아지랑이 꼬물꼬물 피어오르는 모습에
기지개를 켜며 꿈을 키웠다

여름 한낮의 뜨거운 땡볕을
나신으로 꿋꿋이 버텼고
광풍에도 민낯 벌거숭이로
작은 몸에 의지해 견뎠으며
장맛비가 천지를 뒤엎으려 할 때도
저 자신의 모습을 잃지 않았다

언제나 변치 않으리라.
나나 너네나 맹세 또 맹세하며
계절의 변화는 안중에도 없었고
뇌리에는 더더욱 없었건만,

가을 오곡백과가 형형색색의
모습으로 익어가자
질투 시샘하는 마음이 생기기 시작했는지?
나는 황혼빛으로 변색이 되었고
어떤 놈은 앙증스러운
샛노란 색으로 물들었고
어떤 놈은 갈색으로

또 어떤 놈은 붉게 상기된 얼굴이 되었다

그래, 우리의 가을빛, 이 모습이
이리 봐도 저리 보아도
꽃보다 아름답다 하리라.

이 가을이 떠나가네

눈 호강에 들게 했던
오색단풍은 낙엽이 되어
땅바닥을 나뒹굴고
나목은 진즉부터
내년을 기약하며 동면에 들었다

집 앞 양지바른 곳에서
가지마다 주렁주렁 붉은 감을 매달았던
감나무는 까치밥만 덩그러니 남긴 채
임 떠나 보낸 여인처럼
외로움에 젖어 있다

산천을 희게 물들인 억새와 갈대는
소슬바람에 나부끼고
그 정취를 즐기는 뭇사람들은
노을빛으로 저물어가는
이 가을을 아쉬워한다

이제 자연이 점차 변모해가고,
삼삼오오 모여
이야기꽃을 피우던 사람들이 떠나고,
철새들이 찾아들면
이 가을도 서서히 작별을 고하리라.

북풍한설

험산 준령의 북풍은 살을 엘 듯한데
나목은 말없이 서 있고
심산유곡에 켜켜이 쌓인 백설 위엔
나그네의 발자국이 선명하다

부모님 북망산에 드신 지
수십 년의 세월이 흘렀건만
그리운 마음은 한없기 그지없고
십 대에 세상 등진 아우 놈과
사십 대에 떠난 아우의 얼굴이 번갈아 떠오른다

고향, 유년 시절엔 다복해서 좋았는데
함께했던 벗들은 내 곁을 떠난 지 아득하고
이내 몸도 고향을 떠나온 지 헤아리기 어렵도다

다시 또 돌아갈 수 없는 시절이요,
부모님과 아우들은
그리워도 만나지 못하는
끈 끊어진 연 같은 인연이건만,
그래도 뇌리를 벗어나지 않는 기억들이
오늘은 나의 심신을
마치, 북풍한설과 같게 하는구나!

봄꽃들의 향연

여명의 터널을 지나 먼동이 트면
연둣빛 이파리를 살포시 내민
나뭇가지 위에서
새벽잠을 깨우려는 멧새가 속삭인다

산수유, 임을 그리워하며
진즉부터 노릇한 꽃단장을 하고 기다리더니
기다림에 지쳐
어느새 자태가 변색했고

산 매화도 배꽃을 닮은 하얀 꽃을 피워놓고
벌 나비를 유혹하더니
손님이 들기도 전에
하나둘 자취를 감추고 있다

울타리가 되어 마당을 감싼 개나리는
오밀조밀하게 샛노란 꽃을 만발하더니
어미 닭과 병아리를
아늑한 품에 껴안았다

마당 한쪽을 차지한
고귀한 여인을 닮은 백목련은
눈보다도 흰 조막손 같은 하얀 꽃을 피우고
고즈넉이 서 있다

진달래 연분홍빛 수줍음 품고,
살구꽃 연붉은 청초한 소녀의 모습처럼 피었고,
아지랑이 흐물거리고,
벚꽃이 흐드러지게 피고,
복사꽃 발그레 웃으면
상춘객들 그 유혹에 맥을 추지 못 하리라.

만춘 풍경

산야를 차지한 만 가지의 초목이
초봄부터 각양각색의 꽃으로
눈 호강에 들게 하더니
그 꽃들은 어느새 내년을 기약하며
흔적도 없이 사라져갔다

봄도 깊어져 만춘에 이르러 청보리와 밀은
파란 양탄자가 되어 들판을 물들이고
노고지리는 하늘 높이 날며 제비와 더불어
화조풍월을 읊는다

머지않아 아까시나무 흰 꽃을 피우며
진한 향기로 봉접을 매료할 것이고
장미와 튤립도 색색의 자태로
사람들의 발걸음을 붙잡고
고혹한 자태를 뽐낼 것이다

뻐꾸기 산골짜기 가르며 울고
야심한 밤에 소쩍새 울어대면 나그네는
밤하늘의 달과 은하수를 바라보며
고향의 늦봄을 선하게 떠올리며
눈에 고인 이슬이 볼을 타고
미끄럼을 타도 괘념치 않을 것이로다.

산다는 것

오리무리들이 밤낮을 가리지 않고
물에서 유영을 하며
먹이를 찾는 부지런함은 경이롭기만 하고

한밤중에 임 부르는 소쩍새의 지저귐은
나그네가 듣기엔 구슬프기만 하고
고라니 짝 찾는 비명에 가까운 소리는
처량하기 그지없다.

한 무리 뭇 새들 갓밝이가 되면
어둠을 뚫고 창공을 가르며
부지런한 날갯짓은
생을 위한 몸부림이 로고

인간으로 세상에 들어
수많은 이들과 생존경쟁에 든
사람들의 아우성은
고막을 찢는 괴물의 울부짖음과
그 무엇이 다르랴.

친구

친구!
나의 오랜 벗이여!
밤하늘에 빛나는
상현달과 별을 올려다보니
문득 고향이 주마등처럼 떠오르고
자네의 얼굴이 달 옆에 떠있구먼

오늘따라 죽마고우인
자네가 사무치게 그립군
마음 같아선 한걸음에
친구의 곁으로 달려가 주안상에 마주 앉아
술잔을 기울이고 싶은 마음이
아주 간절하다네

그러고 보니 술 한 잔에 화조풍월을
읊던 때가 언제였던가
조만간 한 번 만나
자네가 좋아하는 동동주와
내가 좋아하는 소주를 마시며
옛이야기와 시 한 수를 읊조리며
그것들을 안주 삼아
긴 밤을 지새우는 것도 의미 있지 않겠는가?

이제 황혼빛으로 잘 익은

자네와 난 아름다운 단풍일세
무엇으로도 자를 수 없고
어떤 것으로도 끊을 수 없는
호연지기요,
저승에 들기 전까지 함께할
친구 중의 친구일세.

아름다운 가을

산등성이를 곱게 물들인 오색단풍과
그 아래쪽 언덕에서 하얗게 바람에 나부끼는 억새와
호숫가 물 가장자리에서 춤사위를 보이는 갈대라,
이 가을에 볼 수 있는 금수강산의 황홀경 아니런가

호수 가운데에 놓인 낚시용 좌대
그곳에서 부챗살 펴듯 드리운 낚싯대
무아지경에 빠진 꾼들
낮낚시에 잡고기가 성화를 부리고
세월만 낚다가
함께한 꾼들과 한잔 술로 위안을 받는다

여름까지 극성맞게 통나무를 따닥따다닥
찍어대던 딱따구리, 귀따갑게 울어대던 매미,
뻐꾸기 여름 노래 부르던 소리 멈춘 지 오래고,
밤이면 제각각의 소리로 리듬을 타던 풀벌레 소리
임 그리워 우는 소쩍새 소리,
가는세월에 슬픔을 달래던 부엉이 소리도 끊겼고,
고라니 짝 찾던 소리도 뜸해졌고
하늘에선 맑은 공기를 마시며 수많은 별이 밀어를 나눈다

어슴푸레 여명도 찾기 전
서산 골짜기를 찢는 세 번에 걸친 엽사의 총소리가 울리고,
이내 멧돼지가 꽤 꽥 비명을 질러댔고,

사냥개가 골짜기를 가르며 몇 번 짖어대더니
플래시 불꽃이 보였고
잠시 후 아무 일도 없었던 듯 조용한 새벽,
이내 날이 밝기 시작하며
호수에서 피어오르는 물안개는 가히 장관이로고
오색 찌가 시나브로 올려주는 모습은
이 가을의 풍광과 어우러져 금상첨화로다.

자업자득

비행기가 엔진이라는 아궁이에
불을 때며 뒷구멍으로 가스를 뿜어대고
선박이라는 놈도 덩달아 아궁이 불을 지펴
굴뚝으로 몹쓸 연기를 공중으로 발산한다
자동차라는 녀석들도 뒤질세라 아가리를 벌리며
화석연료를 처먹으며
똥보다도 더 더러운 분진 발산하고
지랄발광하며 지구 곳곳을 쑤시듯 돌아다닌다.

편리한 전기를 생산한다는 명목으로
허울 좋은 하눌타리처럼
화력발전소에서는 석탄을 아궁이에 지펴
가스와 분진을 하늘로 쏘아 올린다
크고 작은 공장에서도 이에 뒤질세라
달음박질치듯 아가리에 똑같은 땔감을 쑤셔넣어
자연과 환경파괴의 주범이 되기를 주저하지 않는다

옛날 옛적 선조 같은 사람들께선 나무나 볏짚, 왕겨로
아궁이에 불 지피고,
소 몰아 전답에서 먹거리를 가꾸었고,
말이나 당나귀를 타고 길이면 길로
산길이면 산길로 바위나 나무를 피해 다니며
자연을 아끼고 벗 삼아 살아왔기에
그때는 하늘이 노할 일이 없었거늘

요즘 인간들은 한마디로 하늘 무서운 줄 모르고
제 놈들이 우주를 더럽혀 천재지변을
겪고 있건만, 그것도 모르는 천치들이
제멋대로 땅을 마구 헤집고,
물길을 멋대로 막아대고,
자연을 파괴하는 행동을 서슴지 않으니
하늘이 노해 인간이나 동식물이
살아가기가 점점 어려워지는 것 아니겠는가.

잠 못 이루는 밤엔

따듯한 침실에서도 잠 못 드는 밤
뇌는 소우주가 되어
시침을 거꾸로 돌려 동심으로 돌아간다
일갑자 전 동무들과 고향 뒷동산에 올라
참꽃을 뜯어 먹고 논두렁을 뛰어다니며
무논에서 개구리 알을 뜨고
무엇이 그리 좋은지 깔깔거린다
검정 고무신이 나오기 훨씬 전
짝이 잘 맞지 않는 찌그러진 누렁 고무신을 신고
동네 골목과 산야를 누비며 꿈을 키우던
그 유년 시절과 코흘리개 벗들이,
그 고향 땅이 그립다
이렇게 잠 못 이루며 뒤척이는 밤엔
또다시 옛날 고향으로 달려간다
여름밤 개울에서 멱을 감고 모랫바닥에 누워
도란도란 이야기꽃을 피우고
밤하늘의 별을 세던 아득한 그 시절이 그립다

엊그제 현몽하신 어머니와 아버지께서
고운 한복을 차려입으시고 젊으실 때의 모습으로
고향 이웃사촌들과 어우러져 막걸리를 나누시며
파안대소하시는 모습은
생전의 모습 그대로이시더이다
다시 또 꿈에서나마 두 분 당신들을 뵙고 싶은데

그 작은 소망이 또 언제 이루어지려는지
이렇게 잠 못 이루는 밤이면
북망산에 드신 지 벌써 수십 년의 세월
부모님보다도 먼저 세상을 등진 셋째와
아버지보다 먼저 이 세상을 하직한 둘째 동생,
모두가 살아 오순도순 행복했던 그때가 그립습니다
이렇게 잠 못 이루는 밤에는 옛 가족이 그리워
베갯잇 적시며 눈물로 밤을 지새우나이다.

어머니

지난밤에 그렇게나 그리던 어머니를 뵈었나이다
당신께선 천마가 끄는
매화로 장식한 꽃마차를 타고 고향에 오셨더이다

꽃마차에서 사뿐히 내리신 당신께선
천사의 날개를 닮은 하얀 한복을 입으시고
고향 사람들과 어울려 덩실덩실 춤을 추셨지요

머리에도 매화 장식을 하시고
인자한 미소를 지으시며
고향 땅에서 옛 친구분들과 어울려
기쁨의 눈물을 흘리며 한 마리의 흰나비처럼
너울너울 고운 춤사위를 보이더이다.

북망산에 드신 지 어언 서른두 해
어머니! 당신께서도 고향 땅과 고향 사람들이
많이도 그리우셨겠지요

함께 어우러져 주안상 앞에서 술잔을 기울이고,
다정다감한 이야기를 주고받으며
파안대소하시는 모습이
생시가 아닌 작야의 꿈속 이야기지만

이 못난 자식도 정말 좋았고,

기쁨에 겨워 눈에선 짠물이 흘렀으며
생전의 어머니를 뵌 듯 반가웠나이다

어머니! 사랑하는 내 어머니!
저승에 계신 나의 어머니! 당신을
또 뵐 날을 학수고대하오리다.

섭리

종다리들 하늘 높이 비상하며
오음육률로 노래하니 나그네 넋을 잃겠고,
오불관언하고
그들 중 암수 한 쌍은 모습과 언행을 꼭 빼닮은
자식들을 슬하에 두기로 굳게 약속했으며
이른 봄에 파릇파릇한 녹색 양탄자로 변해가는
보리밭 사이의 아담한 집에 신접살림을 차려
다른 놈들에게 부러운 눈총을 받고 있다

청보리가 초여름에 누런 황금알 같은
알알이 영근 소중한 곡물을
탐욕스러운 인간들에게 기쁨으로 안겨주기 전에
종다리 부부는 자신들이 먼저 어여쁜
자식 농사를 훌륭하게 마칠 것이라 되뇌며
금실지락을 나누고 있다

종다리 부부의 암놈은 초봄에 튼실한 알을 낳고
곡기를 끊다시피 하며 그 알을 온기 더해 품어
이 봄이 한창 무성해질 즈음
새끼들이 탄생하는 기쁨의 환희를 느낄 것이고
부부 새는 부지런히 새끼들에게
일용할 양식을 기꺼이 구해 주면서
그 자식들에게 헌신하는 것을 주저하지 않을 것이다

그 새끼들은 부모 새들의 바람을 저버리지 않고
무럭무럭 자라서 보리밭이 황금색 양탄자로
변하기 전 둥지를 떠날 것이기에
조물주가 베풀어준 은혜에 감사하곤
내년을 기약하면서
자신들도 부모 새가 낳아 기른 것을 본받아
부모 새가 되어 기꺼이 희생하리라
다짐하며 유학을 떠날 것이로다.

상춘객의 기쁨

엄동설한에도 동백은
피보다 진한 빨간 꽃잎을 스스럼없이 열고
복수초는 샛노란 꽃을 잔설 사이에 곱게 피운다
하지만, 겨울에 핀 꽃은 조금은 삭막해 보이고
애처롭기조차 그지없다

그래도 초봄에 노란 꽃을 주저리주저리 매단 산수유와
매화가 가지런한 치아처럼 하얀 꽃을 피울 무렵이면
마음과 몸이 꽃잎만큼은 아니더라도
조금은 여유로워진다

이어 산 매화가 희디흰 꽃잎 활짝 열고,
연분홍 진달래 수줍은 처녀의 모습으로 피어나고,
병아리가 빼닮기를 원하는 개나리가
울타리를 샛노랗게 수놓고,
백목련이 청순한 여인의 자태로 꽃망울을 터뜨리고,
자목련이 요염하게 꽃봉오리를 하늘로 치켜들 때면
계절도 점점 무르익어 중춘이 대문 앞에 다다른다

뭐니 뭐니 해도 봄을 만끽할 수 있는
꽃 중의 꽃을 선택하게 되면
제 스스로 북풍한설을
다칠세라, 아플세라, 인고로 겪고
앞다투어 피고 지는 꽃들에 시기와 질투함 없이

제 시절에 분홍빛 꽃봉오리를 일시에 열어젖힌
왕벚꽃의 성숙한 아름다움에 견줄 수 없지 않겠는가.

중춘을 떠나보내며

늦가을부터 초봄까지 핏빛보다 진한
빨간 꽃잎을 수줍게 내밀던 동백도
노란 꽃잎으로 숫처녀의 마음을 흔들어대던
잔설 사이의 복수초도
때이르게 상춘객들의
오감을 자극했던 산수유도
연분홍빛 꽃으로 여인의 속내를 살피던
진달래와 샛노란 꽃잎 내밀던 개나리,
그 울타리 밑에서 어미 닭이 병아리들에게
먹이를 골라주며 이끌고 다니던 모습도 눈에 선하다

젊은 아낙들을 하나둘 불러 모으던
봄나물도 점차 장작개비처럼 억세졌고
눈 호강을 시키던 복사꽃과 살구꽃도
내년을 기약하며 사라졌고
중춘에 들어 고상한 집의 며느리 자태를 빼닮은
백목련과 자목련도 며칠 화려하곤 흉하게 변하더니
흔적도 없이 사라졌다

상춘객들을 일시 한자리에 끌어모으던 왕벚꽃도
며칠 화려하더니 눈꽃으로 변해 땅바닥을 뒹굴다가
어디론가 자취를 감췄다

이제, 만춘에 접어드는 시기가 도래하니

청보리와 밀밭을 푸르게 장식한 들에서는
여전히 종다리가 비상하고
길가의 이팝나무꽃은 눈꽃 모양으로
하얗게 나무를 감싸고 진한 향기를 발산하고
곧 꽃잎을 터뜨릴 아까시나무꽃이 특유의 향기로 벌나비를
불러 모을 것이고 담장을 감싸며 울타리가 된 장미가
각색의 꽃을 피우면 만춘도 깊어질 것이다.

그대의 미소

계란형의 갸름한 얼굴에
꽹이 같은 두 눈을 가지런히 뜨고,
마늘쪽을 빼닮은 코를 얼굴 중앙에 담고,
선홍빛의 도톰한 입술을 오물거리다
흰 옥수수 알갱이를 닮은
가지런한 이를 드러내며
함박웃음으로 소리 내 웃는
여인을 보고,
간장이 녹아내리지 않는 사내가 있겠느냐고

거기에 허리 잘록한
팔등신의 몸매를 은근히 드러내곤
교태로운 춤사위를 보이며
오음육률의 권주가를 싣고,
한잔 술을 올리는 것을 받게 되면
죽어도 여한이 없으렷다

하지만, 산전수전, 공중전에 지하전까지 겪은
욕심 드러내지 않는 노부는
외모가 그리 뛰어나진 않지만,
마음이 비단결 같은 그대가
나를 볼 때마다 보여주는
아름다운 미소가 천하제일이오이다.

6부

인동초 처럼

그림자

내가 얼굴에 환한 미소를 담고 있으면
그대는 달덩이 같은 고운 미소를 짓고
내 얼굴이 근심·걱정으로 어두워지면
당신의 얼굴도 어두운 빛으로 변한다

내가 걷거나 뛰거나
어두움이 드리우나 밝거나
그대는 나와 함께 동반자가 되어
함께하기를 주저하지 않는다

계절이 변하면 변하는 대로
세월이 흐르면 흐르는 대로
내가 밝디밝은 빛이 되면
그대는 피보다도 진한
음영이 되기를 주저하지 않는다

이내 마음이나 그대 마음이나
일심동체이니
내가 빛이 되면
그대는 나의 그림자요,
당신이 빛이 되면
나는 그대의 그림자라.

회자정리

늦가을부터 임을 그리며
핏빛보다 진한 꽃을 피운 동백이나
엄동설한에도 살아야 한다는
의지 하나로 꿋꿋이 버틴 인동초와
버들개지가 복스러운 강아지 꼬리를 내밀고,
앙증스러운 복수초가 잔설 사이를 뚫고 올라와
샛노란 꽃을 피워도
봄 노래는 목구멍 위로 올라오지 않았다

매화가 희디흰 모습으로
몸뚱이를 살짝 가린 채 유혹하고,
산수유 노란 수를 놓고,
목련화가 환한 미소를 짓고,
노란 개나리가 제 다리 밑으로
어미 닭과 병아리를 불러 모으고,
두견화와 복사꽃이 수줍어 연분홍으로 물들고,
왕벚꽃이 제 몸통과 파란 하늘이라도 가릴 듯이
화사한 자태를 드리워
상춘객이 인산인해를 이룰 때까지는
이 봄이 내 곁을 떠나리라곤 꿈에도 생각지 않았다

계절의 여왕이라는 오월에 아까시나무꽃이
진한 향기로 벌 나비를 불러들이고,
장미가 색색으로 물들어

나그네의 심신마저 마구 흔들어대고,
아지랑이 흐물흐물 춤추고,
청보리가 황금빛으로 익어가니
농부는 흐뭇한 미소를 머금고,
그에 화답하듯 황금벌판이 바람에 물결처럼
일렁인다

신록의 계절이 찾아드니,
아! 이렇게 황홀하게 만났던 계절과
인제는 이별하게 되었도다.

단 하루의 사랑

하루의 사랑이라?
만약, 신께서 인간이외에
무엇이 돼도 좋다고 허락하신다면
나는 저 하늘의 태양이 될 것이고,
당신은 달이 되기를 승낙받아
그대와 더불어 모든 것을 비추는 빛이 되어
그것이 비록 하루 뿐의 영광일지라도
우주 만물로부터 추앙을 받는 존재가 되기를
주저하지 않겠다.

신께서 마음이 갸륵하다 여기시며
"하늘 아래 다른 무엇이 되기를 원하는고?" 하신다면
밤하늘에서 무수히 빛나는 미리내 중
그대와 나 큰 별 한 쌍이 되어
모든 별을 보듬어 안겠다고 서슴없이 말하리다

만약, 신께서 바다의 생명체가 되라고 하신다면
나는 그대와 더불어
오색 산호초 암수가 되어
바닷속 뭇 생명체의 시기와 질투와
부러움을 한 몸에 받는
아름다운 사랑을 나눌 것이다

만약, 신께서 새가 되어 사랑하라고 하신다면

금실 좋은 원앙 한 쌍이 되어
뭇짐승들의 가시 같은 눈총을 받더라도
원 없는 애정행각을 벌일 것이다

신께서 그래도 사람이 되어 사랑하라고 하신다면
심산유곡에서 시냇물이 졸졸 흐르고,
만 가지의 꽃과 많은 새와 토끼와 사슴이 뛰노는
무인도에 아담한 초가집을 미리 지어놓고
일엽편주에 하루를 견딜 생존 거리와
즐길 거리를 마련하여 싣고
그 섬에 들어 하루 밤낮의 끈끈한 사랑을 나누고,
"당신을 정말 사랑했노라."라며 진솔한 고백을 하고,
기꺼이 종말을 그대와 같이 두 눈 꼭 감고
기쁨의 소금물을 흘리며 맞이하리다.

인동초처럼

한겨울,
시베리아에서 얼음장같이 차디찬
북풍을 몰고 와도
북극에서 다가온 먹구름이
설산을 만들어 뭉개듯 짓눌러도
꿋꿋이 견디는 모진 생명력이여!

한여름, 태울 듯 따가운 폭염이
극성을 떨어도
모진 비바람이 만물을 쓸어갈 듯 몰아쳐도
오불관언하며
제자리를 지키는 인동초가 있다

집어삼킬 듯 이빨을 드러내며 달려드는
이리떼의 침입에도 굴하지 않고
기꺼이 이겨내고,
금수 같은 놈들이
동족상잔 비극을 초래해도
금잔디보다 강인한 정신력을 지니고
물리친 내 나라 내 겨레가 있다

반만년의 세월 동안 온갖 외세의 짓밟힘을
기어코 물리치고,
보릿고개 춘궁기를

허리띠 졸라매며 견뎠고,
폐허가 된 땅덩어리에서
우뚝 선 민족이여!
인동초처럼 영원하여라.

꿈

심산유곡에서부터
*주야장천 옥수로 흐르는 청산 아래 냇물이
엄동설한 동장군의 도움으로
투명한 아방궁을 지어놓곤,
그 안에 뭇 생명체를 품으며
새 계절을 갈구한다

산자락에 군집한 찔레는
아직도 간직한 빨간 열매로
까투리와 장끼를 유혹하고
푸른 장송아래서
진녹색 자태로 절개를 지키는 난초는
이 계절에도 고귀함을 잃지 않았다.

숲에서는 멧새들이 지저귀고,
토끼와 고라니가 먹이를 찾아 부지런히 움직이고,
까치는 청아한 목소리로
새해가 밝아옴을 알려오고,
심술궂은 멧돼지는 옛 선인의 봉분을
파헤쳐 후손의 마음마저 후벼냈다

냇가의 버들개지는 진즉에 잉태해
강아지 꼬리를 빼닮은 만삭의
몸뚱이를 저마다 앙증맞게 보이고는
보는 이의 부러움을 한껏 받고 있다.

매미

가마솥 수증기가 시루떡을 찌듯
불볕더위가 사람을 쪄,
온 몸뚱이에 땀이 흐르고 끈적끈적한 날에는
녹음 짙은 숲에서 매미가
어김없이 선율을 울린다

하찮은 나무구멍에서 부화하여,
사람은 백년을 살다
죽어서나 돌아가는 깜깜한 땅속에서
벌레라는 이름으로 수년을 묻혀 살다
매미라는 이름을 가지고 나무 위에서
보름도 안 되는 生을 마감하는 것이
울화통이 터져서인지

참깽깽매미, 말매미, 털매미, 쓰름매미
참매미, 호좀매미, 고려풀매미, 풀매미
유지매미, 애매미, 세모배매미, 늦털매미
온갖 매미들, 짧은 生이 억울하다며
악을 쓸 대로 쓰면서 서러움을 토하고 있다.

매화

세상엔 아름다운 것으로 넘쳐흘러
황홀경으로 그득하다
하늘을 찌를 듯한 기암괴석도
보면 볼수록 아름답기 그지없고,
그 바위를 뚫고,
마치도 여인의 허리처럼 휜 곡선미를 내세우며
푸른 절개를 잃지 않고 높이자란 장송 또한,
어느 한구석 빠지지 않도록
아름다워 아찔하다

산야에서 자라는 크고 작은 초목도
아름답지 않은 것이 있을 소며
앙증맞은 산토끼의 달음박질과
장끼가 푸드덕 나는 자태도 곱기만 하고,
멧새들이 자기들 나름의 오음육률로
때맞춰서 하는 노랫소리도 흥겹고,
나물 캐는 아낙네의 콧노래 소리와
누렁이 황소가 끄는 밭갈이 쟁기를 모는
농부의 구성진 목소리도
이 봄에 빼놓지 못하는 봄 풍경이로고

살을 에는 혹한을 홀로 견디며
붉디붉은 순정을 바친 동백꽃과
차디찬 잔설을 뚫고 샛노란

맵시로 잠시도 눈을 못 떼게 하는
복수초도 새색시처럼 아름답지만,
고결함을 잃지 않은 미모로
그 어떤 흠결도 없이 기품을 갖추어
이 계절에 붉게 피어난 홍매화와
눈처럼 흰 고운 모습으로 살결을 드러낸
백매화가 길손들의 눈길을 잡아맨다.

지조와 절개

혹한기를 마다하지 않는 동백과
잔설을 뚫고, 샛노란 꽃을 피우는 복수초와
엄동설한의 고초를
맨몸으로 견뎌내는 인동초와
뜨거운 사막에서도 꿋꿋이 수백 년을 견디는
선인장과 그런 환경도
기꺼이 이겨내는 전갈과 살모사,
뭇 생명체와 같이
살지 못할 환경도 이겨낼 끈기와
모진 정신력을 지닌 자라면
백성을 모실만한 자격을 지닌 것일지니
그 백성을 위해 헌신하라

백목련이나 이화처럼
순수함과 고결함이 배어있고,
참꽃처럼 깨끗함이 있고,
복사꽃과 살구꽃처럼 어우러짐이 있거나
왕벚꽃처럼 일시에 피어났다가
草芥처럼, 거리낌 없이
일시에 그 꽃을 눈이 되어 떨구는
희생정신이 담겨있는 자라면
타인을 위해 기꺼이 봉사하라

매란국죽 같은 지조와 절개를 품고,

상록수처럼 변색하지 않으며
드넓은 바다를 끌어안을 용기와
높은 하늘을 품을 뜻이 있다면
위정자가 되어
만백성을 극진히 섬기기 다할지어다.

옥수수

촉서蜀黍* 같이 훤칠하게 자라면
사람이나 뭇짐승, 옥촉서玉蜀黍*까지
음양오행에 의해 결합하여
자손을 번성시키려는 본능이 있기 마련이라

곳간에 곡식 채우듯
임의 하얀 치아보다도 더 흰
백옥같이 정결한 날 알갱이들이
파란 외투, 미색 속옷에 갈무리되어
백발수염이 붉게 변색하면
옥수수는 어머니의 손에 거두어졌다

솥에 찌거나 모닥불에 구우면
시장기 느껴질 때 더없는 요기 거리였고
찧고, 빻아 가축에게 주면
오동통하게 살이 올라
새끼 낳아 마릿수 늘려
주인의 살림살이를 불려주었는데…

어릴 적, 한여름 옥촉서 파란 대궁
껍질 벗겨 씹던 맛은 꿀맛처럼 달기만 했던 기억이
생생하고 촘촘히 박힌 낟알 빼 먹은 속은 하모니카로
느껴졌던 추억이 아련하다.

*옥촉서玉蜀黍= 옥수수

폭풍우

맹꽁이 맹꽁맹꽁 목청 돋우던 심야부터
굵은 빗줄기 요란을 떨며
베란다 유리창을 난타해
꿈자리마저 뒤숭숭하게 하더니
여명이 오기 전에 선잠을 깨웠고

이내 마음을 짓누르던
폭풍우는 나무들과 무슨 원한이 있었는지
나뭇가지들을 할퀴며
뿌리째 뽑을 요량으로
풍두선 환자 머리 흔들 듯
나무둥치를 세차게 흔들어 댔으며

아침까지 극성을 떤 그 비바람은
꽃밭의 화판들을 색색으로 널브러뜨려
사람의 심기를 편치 않게 하는데

청개구리는 무엇이 그리 서러운지
엇박자로 청승맞게 울어대어
구슬픔을 더한다.

사랑

들꽃의 향기와
찻잔 속의 차향이 은은하듯이
우리 둘의 사랑도
들꽃 향처럼, 찻잔 속의 차처럼 은은하게
죽어도 식지 않는 사랑을 하자 하면
당신은 싫다 하시겠는지요?

양은 솥처럼 금방 뜨거워졌다 식는
짚불처럼 곧 까맣게 꺼져버리는 사랑
나는 그런 사랑 원치 않나니
수면을 가르는
호수 위의 원앙 한 쌍과 같이
멧비둘기 부부처럼 다정한 사랑을 하고픈데
당신은 싫다 하시겠는지요?

사시사철 백 년 동안
씨 뿌려
파랗게 싹 틔우고
울긋불긋 꽃피우며
거두고
홍예虹霓*처럼 아름다운 사랑을 하고 싶은데
당신은 싫다 하시겠는지요?

강남에서 온 저 제비 內外처럼

마치, 나 어린 오누이같이
병들거나, 성하거나, 드나, 나나
하늘에 가서도 함께하자
영원불멸의 사랑을 하자고 맹세하면
당신은 싫다 하시겠는지요?

홍예虹霓*- 무지개

유년 시절 여름날의 고향 추억

더위 갈증을 부채질하고 개울물 童心 부르던 날에는
아이들 죄다 배를 드러내 갈비뼈 앙상하기만 한데
배불뚝이 께저분한 몰골 물장구에 허기지는 줄 몰랐고

옥수수 따고 감자 캐어 모닥불에 구워
뜨거우니 호호 불며, 요기할 때
얼굴과 입술은 까만 숯덩이가 되어
깔깔거리며 마주하던 추억 아스라하고,

이슥한 밤에 원두막 위에서
참외밭 주인이 코골이 드릉드릉하면
참외 서리 무아지경에 들어
꿀보다 더 단 우정을 쌓았으며

벌레가 먹은 복숭아를 먹어야 美女 된다는 말에
몸집만 큰 처녀들 반신반의하며
깜깜한 오밤중에 미백의 복숭아 먹었고

아침에 까치, 매미 소리 소란스러울 때 꿈을 키웠고,
밤에 별을 헤며
너 하나, 나 하나
소쩍새, 풀벌레 소리 들으며 소망을 담았었다.

무지개

늦은 오후 불현듯이 뇌성벽력이
지축을 흔들고
고막을 찢을 듯 호통치며
장대비를 좍좍 부어대고
언제이었냐는 듯 물러가
태양이 다시 빛을 토했고

역광에 놀란 무지개가
서쪽 하늘에 칠색의
부채꼴 칠보단장으로 떠오르니
어화둥둥 황홀경에
보는 이들 눈을 다물지 못한다.

저, 아름다운 무지개처럼
나와 내 임의 가슴에도
빨강, 주홍, 노랑, 초록, 파랑, 남색, 보라의
아름다운 홍예가 지금 뜨고 있다.

그대

밤새 이슬 머금은 봉숭아
일출이 수줍었던지
홍조 띤 얼굴, 그 아름다움
꽃에서 나는 그대를 보았네

한낮 땡볕의 뜨거운 열기를
방패꼴 이파리로 갈무리한 수련
홍백의 청정한 모습으로
넋이 나가게 하는데
사랑하는 그대를 안은 듯
내 가슴을 낭랑하게 다듬이질하네

해 질 녘,
바람에 비단 날리듯 호랑나비 날고
그 나비 모양의
붉디붉은 패랭이꽃이 줄기 위에서 춤을 추니
그대와 함께라면
얼마나 좋을까 하는 마음에 눈물이 나네

잠이 오지 않는 깊은 밤,
창문 너머 희미한 가로등 아래
다소곳한 접시꽃 빨간 꽃잎이
그대의 촉촉한 입술 같아
그리움만 가득하네.

그리운 바다

빈 소라 껍데기 휘파람 부는
열기 품은 백사장
수평선 저 멀리 시각 홀리는
시원한 쪽빛 바다
제멋대로 널브러진 갯바위

그 위에서 드리우는 낚시의 낭만
볼락, 우럭 낚아 회 치고,
보글보글 매운탕 끓여
소주 한잔에 알싸한 추억 쌓고 싶다

유람선에 몸을 실으면
파도가 선연을 두드려
하얀 포말을 일으키며
백구가 비상하며
화조풍월 읊고

물빛 청춘들이 비명 높이는 곳,
그 바다에서
그대와 시원한 추억을 쌓고 싶다.

* 주석
선연船緣: 뱃머리
화조풍월花鳥風月: 천지간의 아름다운 경치. 풍류

속죄

태초에 물은 육방정계의
수정처럼 맑은 것이거늘
작금에 이르러 목불인견으로 혼탁해진 것은
나로 인해 빌미가 된 것 같은 마음이고

세상은 원래 고요의 바다 잔물결이거늘
내가 평지풍파를 일으키는 하나의 촉이 되어
무지몽매하게도 태풍을 부른 것 아닐지 하는 생각이라
희로애락을 더불어 나누어야 할 이웃에게
육두문자로 돌팔매질을 해대고
죄짓게 하여 끝없는 나락으로
밀어 넣지 않았는지 하나하나 되짚어 볼 일이라
인간은 본디 선한 것인데
이 내 심성이 고약해
타인을 죄악으로 빠져들게 한 것은 아닐까
깊이 성찰하여 보노라니

일엽편주는 순항을 원하건만
막아서는 우를 범해
떠나는 배, 엉뚱한 방향으로
항로를 이탈하게끔 방조한 罪의 주인공이 나인 것을
어찌 부정하랴
초개와 같은 것이 삶인데 인간의 탈을 쓰고
금수의 심장을 지닌 나

억겁의 밤낮이 바뀔 때까지 회개하여
개과천해야 하리라.

그대를 향한 나의 소망

내 작은 의망은 그대와 인연 다하는 날까지
그대를 지켜주는 것이랍니다
지켜준다는 말은 아마도 내가
그대 곁에 머물고 싶은 마음이
더욱 간절하기 때문일 것입니다

지금까지 그래왔듯
어떤 날은 바람의 미동도 느낄 수 없는
조용한 날이 있을 것이나
그 어느 땐 세찬 바람이 불다
뇌성벽력이 몰아치고
그치지 않을 것만 같은
억 수비가 내려 놀라기도 하고
가슴을 쓸어내려야 하는 날도 더러는 있을 것입니다

꽃피고 단풍 드는 고운 날도 있을 것이나
서리 내려 서글픈 날,
온 世上에 눈이 덮였을 때 낭만을 느끼기보다
두려움을 느껴야 하는 날도 있을 것입니다

어떤 날은 신선이 되었다가
어느 땐 끝없이 추락하는 신세가 되기도 하겠지요
그것이 무엇인고 하면
그것은 희로애락이요

신께서 내리신 선물입니다

나의 작은 의망은
그대와 함께 이 世上에서
담아야 할 것 담고,
버려야 할 것 버리고
사랑하며 온기 느끼고 살다
여행하듯 그렇게 떠나는 것입니다.

몽산포 해수욕장

시원한 바람에 출렁이는
청옥 빛 바다가 유혹하는 계절
태안 남면 반도 몽산포에는
긴 폭 오리, 길이 수십 리의 백사장이
백룡이 되어 구불구불 바닷물 따라 꿈틀댄다

백사장 뒤 송림 수리길
청룡이 되어 용트림하는데
그 뱃속에서의 삼림욕은
물에 들지 않아도 땀을 쓸어가고
사이사이에 들어앉은
뭇 건축가의 자귀질 거친 목조 펜션은
바다 건너 쪽 예술 풍의 걸 작품이구나

해송 지붕아래 오붓한 길에서는
연인들 드라이브 삼매경에
랑을 애틋하게 쌓고
산보를 즐기는 이들 추억을 놓치기 싫은 듯
영화 속의 주인공이 되어 멋진 포즈를 취하는데
메라 셔터 소리는 시계 초침 소리처럼 그침이 없다

때, 이르게 낙원을 찾은 선남선녀들
해수욕장에서 회오리를 일으키며
파안대소로 물장구 추억을 만들고,

레저를 즐기는 사람들의 보트는 급물살을 갈라
구름을 만들어 보는 이의 가슴을 뻥 뚫어주고
갯벌에서 조개 줍고, 게를 쫓는 이들
머드팩 한 얼굴의 미소가 아름답다.

술사랑

친구를 만나니
마음이 넉넉해서 좋고
첫 술잔부터
우정이 가득 담긴다

주거니 받거니 하는
술과 농담 속에
마음으로부터 흥취가 든다

밤이 점차 깊어갈수록
소주가 뱃속에 그득 고이니
혀는 꼬부라지고
몸은 따로 놀려고 한다

친구와의 만남은
분명코 기억에서 지워지지 않을 것이나
헤어져 집에 돌아갈 때는
모름지기 귀소 본능에 의지할 것이다

몸이 비틀거리는 것을 숨길 수 없듯
마음이 비틀거리는 것 또한
숨기기 어렵도다

어디 비틀거리는 것이 나쁘이랴

세상이 흔들릴 때는 다들 멀미를 하는데,

허허,
나와 친구는 술이 좋아 비틀거리는데
뭇 사람들은 어찌하여 비틀거릴꼬.

허풍

낮은 곳에 있던 것은 높은 곳으로 향하고
높은 곳에 있던 것은 낮은 곳으로 향한다

바다는 산이 되겠다고 하고
산은 바다가 되겠다고 한다

여자는 남자로 살고 있고
남자는 여자로 살고 있다

목소리 작은놈은 사족을 못 쓰고
목소리 큰놈이, 판을 치는 세상이다

이렇게 살아도 사는 것이고
저렇게 살아도 사는 것이라 한다

사는 게 사는 것이 아니고
죽지 못해 사는가보다

다리도 없고, 날개도 없고
몸뚱이만 있고, 생명력이 없는데
걷고, 뛰고, 날아다닌다

어느 날은 천지개벽하고
어느 날은 삼라만상이 뒤바뀐다.

매미

여름이 농익어가니
수매미가 드디어 입신의 경지에 들었나 보다
그제도, 어제도 매미가 진솔하게 독경하더니
오늘은 매미가 해탈한듯하다

어미 뱃속을 탈피한 매미의 분신이
나무속에서 소리 없이 무수히 긴 날을
득도에 이르기를 갈망하며 수도에 들었다

사계절이 지난 후, 나무에서 득도한 매미의 분신이
입신의 경지에 들기 위한 고행길로 땅속 움막에서
칠년 칩거에 들었다

짧지 않은 칠년의 수행 정진을 마친
매미의 분신이 땅속을 박차고 나오더니
입신의 경지에 이르렀는지
화려한 날개옷을 걸쳐 입고
나무 위에 올라 염불을 한다

수매미가 요란스러운 소리를 낸다
입신의 경지로는 불만스럽다며 소란을 떤다
차라리 없는 반쪽을 찾겠노라며 앙탈을 부린다
아니, 갈 날이 가까워짐을 알고 서러워 울부짖고 있다.

꺼병이

타는 듯 고운 두견화 산허리에서 구애하고
산 벚꽃 산기슭에서 사랑에 빠져 있을 때
장끼와 까투리는 백년해로 기약했다

첩첩산중 초라한 곳의 신접살림이지만
널따란 정원이 눈에 들고
집 앞, 기암 골짜기에는 육방정계 같은
옥수가 흐르니 천하절경이로다

노래 삼매경에 들던 새들이 중신아비
나무의 중매로 짝을 이뤄 보금자리를 틀었고
바람을 머금은 나뭇잎은 무희가 되어
엇박자 춤사위에 들었다

이세를 갈망하던 까투리가
집안에서 두문불출 칩거를 하더니
삼십 칠일 후 앙증스러운 꺼병이들이
축복 속에 태어났다

제 어미의 내리사랑을 듬뿍 받고 자라는
저 천방지축의 꺼병이들이,
어미만큼 몸집이 커지면
결초보은은 인지상정과 같은 맥이거늘
치사랑을 알기나 할까나.

7부

해 설

은문 우병택 시인, 문학평론가

해 설

은문 우병택 시인, 문학평론가

진솔함이 철학적으로 읽히는 용기 있는 시인

淸湖 이철우 시인은 양반의 고장인 충북 음성 감곡 출생이다. 2022년 제10회 「청향 문학상」 운문 부문 우수상을 수상하면서 문학상 운영위원이었던 나와 인연이 됐다. 淸湖의 「청향문학상」 수상은 같은 해에 『미소 문학』에 신인상 수상과 함께 문단에 정식으로 등단한 후 첫 쾌거였다.

이런 인연으로 시집 「노송老松」의 초고를 출판사로부터 받으며 내심 큰 기대를 했다. 시집 「노송老松」은 애쓴 흔적이 역력했다. 순수 창작시 127편이 여섯 영역으로 분류돼 있었다.

시집 한 권을 처음으로 내 본다는 것은 매우 의미 있는 사건임엔 틀림이 없다. 淸湖 이철우 시인은 부지런한 시인 중에서도 으뜸이다. 매일 아침 일찍 여러 커뮤니티에 그날과 관련된 글을 올리기로 유명하다. 날씨는 물론 다양한 안부까지 빠짐이 없다. 시인이 올린 글을 일 년 동안 모아서 책을 엮는다면 365쪽으로 당해의 귀한 기록이 될 것이다.

각설하고 이철우 시인의 첫 시집 <노송>은 모두 6부로 구성되어 있다. 1부부터 차례로 살펴보자.

총 126편에서 가장 먼저 눈에 띈 것은 '철학적인 시'가 주류를 이루고 있다는 것이다. 물론 淸湖가 애초에 철학적 사고로 시를 썼다고 보진 않는다.

그러나 시인이 매일 써온 글에서 스스로 터득한 나름의 삶이 철학적으로 읽혔기 때문일 것이다.

최고의 시어로 시를 쓰고픈 시인의 노력이 빛나는 시들

제1부의 대표적인 시 <내 사랑 참사랑>의 전문을 감상해 보자.

당신이 어떤 꽃보다 아름답게 보이는 것은
내가 당신을 그 누구보다 사랑하기 때문입니다//
아침이슬처럼 당신이 보석보다 영롱한 것은
나의 마음이 당신을 보듬기 때문입니다//
하늘을 아름답게 수놓는 저 밤 별들은
당신과 나눈 수많은 밀어일 것입니다//
모래알같이 살아온 행복한 날들은
당신이 내 곁을 묵묵히 지켜주었기 때문입니다//
세상이 이토록 아름다운 것은
당신의 향기가 내 안에 그윽하기 때문입니다//
나는 죽어 숨이 멎을 때까지
당신을 마음으로부터 죽도록 사랑하렵니다//
당신은 그토록,
사랑받을 자격을 넘치도록 갖추었으니까요.//

清湖가 온전히 표현하고자 하는 당신에 대한 사랑이 모든 연마다 영롱한 빛을 발하기에 1부를 대표하는 시로 뽑혔을 것이다.
첫 연에서 당신을 다음과 같이 표현해 놓았다.

아침이슬처럼 당신이 보석보다 영롱한 것은

내가 아닌 누구에게도 그렇게 보이지 않을 수도 있을 것이다. 그러나 다음 행에서

> 나의 마음이 당신을 보듬기 때문입니다

라고 그 합당한 이유를 소박하게 말했다. 누구도 아닌 시인 자신의 '마음이 영롱한 사랑을 보듬기 때문'이란 것이다. 淸湖를 잘 아는 이라면 무릎을 치며 '맞다, 맞아'라고 수긍할 것이다. 그리고 절창은 마무리에서 더욱 빛이 난다.

> 나는 죽어 숨이 멎을 때까지
> 당신을 마음으로부터 죽도록 사랑하렵니다//
> 당신은 그토록,
> 사랑받을 자격을 넘치도록 갖추었으니까요.//

 글쎄, 사랑에도 사랑받을 자격이 필요하다면 시인의 '당신'이 자명할 일이다. 이렇기에 나름의 사랑에 대한 철학이 확립된 게 아닐지.
다음 시 <행복 지수>를 감상하다 보면 굳이 고대 철학자들의 '행복론'을 들먹이지 않아도 淸湖의 생활 철학에 다 나와 있다고 보는 것이 낫다는 생각이다. '많은 이들이 거대한 성공이나 특별한 순간에서 행복을 찾으려 하지만, 진정한 행복은 삶 속에 작은 감사에서 빛나는 게 아닐지?' 淸湖 시인이 고대 철학자들이 보는 '행복론'을 미리 잘 습득하고 이 시를 쓴 것인지는 알 수 없다. 그러나 마지막 연에서 자신 있게 결론 짓고 있지 않은가.

> 가진 것이 다소 적어도
> 갖춘 것이 조금 부족해도
> 마음을 넉넉하게 지닌 사람이
> 가장 행복한 것이다.//
>   <행복 지수>의 마지막 연에서

이보다 더 어떻게 시 속에서 '행복'에 대해서 정확히 표현할 수가 있단 말인가. 조금 더 진지하게 淸湖의 행복론을 살펴보려면 <당신>을 감상해 보도록 하자. 이 한 편에 앞에서 언급한 두 중심 내용인 '사랑'과 '행복'을 잘 엮어놓았으니 말이다.

시인이 지켜야 할 것들에 대한 열정이 돋보이는 시

제2부의 대표적인 시는 <통영 앞 바다>이다. 淸湖 시인이 말하고자 하는 '망가져 가는 자연을 바라보는 안타까움'이 고스란히 배어있다. 평소에 보아왔던 맑고 깨끗했던 통영 앞바다에 연일 이어지는 폭염으로 생긴 녹조현상이 우리 인간의 잘못된 인식 때문이라고 진단한다. 차라리 태풍이라도 불어와 다 쓸어가기를 바란다. 그리고 끝 연에서 이렇게 호소한다.

> 인간이여~!
> 당신들이 자연으로부터 안전해지려거든
> 부디 자연을 자연스럽게
> 놔두시게,//

다음으로는 <춘화春花>에서 보여준 봄꽃 이름을 들여다보자. 1980년대에 서울의 어느 명문대학교 국어국문학과에서 입시 문제로 '알고 있는 꽃 이름'을 모두 써내라고 했더란다. 그랬더니 딱 한 명이 100개의 꽃 이름을 써냈는데 교수들도 입을 다물지 못했다는 전설 같은 이야기가 전해온다.
 물론 그 학생은 과 수석을 차지했고 지금은 이름만 대면 알만한 시인으로 자리매김도 했다고 한다.
 <춘화春花>에서 보여준 봄꽃 이름만 '레드스타와 화이트스타, 부겐 발리아, 수국, 영산홍, 베고니아, 후리지아, 나리, 제라늄, 카랑코, 장미, 구문초, 풍란' 등의 봄꽃 이름뿐만 아니라 꽃의 자태 묘사에도 공을 많이 들였다. 이 정도면 대학 입시에서 국문학과에 합격은 따 논 당상이리라.

그리움이란 이름의 발칙함을 노래한 시인

제3부는 <가을 타는 남자>가 대표작품이다. 이 시에는 '몹시도 그리워 진저리가 쳐진다'처럼 시인의 간절함이 여과 없이 그대로 드러난다. 시 창작에 필요한 기본적인 여러 기교와 다소 복잡한 장치 따위는 淸湖 시인에게 그다지 필요하지 않아 보인다. 결국 4연까지의 풀어놓은 마음으로 마지막 연에 이렇게 좀 더 솔직히 다가간다. 이래서 역시 淸湖의 시 특징이 무엇인지를 말하기 좋게 했다.

  그래, 더 을씨년스런 마음이 내게 찾아들기 전에

>   이 가을이 다가기 전에, 더 늦기 전에,
>   바로 지금 전화기를 들고,
>   그대에게 내 마음을 고백해야겠다.//

다음은 〈침소봉대〉의 끝 연이다.

>   인간사 새옹지마요,
>   감춘다고, 숨긴다고 없어질 것도 아니고,
>   부풀린다고
>   커지는 것 없나니
>   잘났으면 잘난 대로, 못났으면 못난 대로
>   생긴 대로 자연에 순응하며 살아가세//

 칠십 평생을 살면서 몸에 밴 생활 철학이 그대로 표현된 시로 꼽아 본다. 흔히 마을 훈장께 훈계 듣는 셈 치고 감상해도 무리가 없을 詩다. 이보다 더 어떤 글이 있을까 싶다. 얼핏 보면 누구에겐가 자신의 주장의 전달하려는 보이지만 평소의 淸湖 시인이라면 그런 취지는 아니라고 확신한다. 그가 평소에 주장하는 내용을 끝까지 관철하기보다는 그냥 대세를 따르는 편으로 보이기 때문이다. 그 단면이 이 한 행에 그대로 나타나 있다고 본다. 스스로 다짐해 보는 구절이라고 하는 편이 옳을 것이다.

   생긴 대로 자연에 순응하며 살아가세

시에서는 진솔함이 풀풀 넘쳐야 한다

제4부의 대표적인 시는 <밤에 떠난 여행>이다. 전문을 감상해 보자.

> 대관령을 넘은 시각이 새벽 두 시
> 곧 도착한 강릉의 야경이 꽤 휘황찬란한데
>
> 하늘엔 하현 반달이
> 한 뼘쯤 떠올라 은은한 빛을 발하고
> 밤바다는 파도 소리를 높이며 운치를 더하네
>
> 바닷가 횟집에 들어
> 회 한 점에 술 한잔을 기울이니
> 어디 신선이 따로 있겠는가?
>
> 내자와 올가을 결혼 날짜를 잡은
> 아들 녀석과 며느리가 될 큰아기와
> 더불어 새벽 시간을 보내노라니
>
> 아, 이야말로 금상첨화로다

 감상鑑賞을 끝낸 독자라면, 특히 淸湖 시인과 친분이 있는 독자라면 눈만 감아도 상황 전개가 선연히 떠오를 것이다. 새벽 두 시에 대관령을 넘어 횟집을 들르는 여정과 자동차 속 전경이 잘 표현되어 있다. 흔하지 않은 상황이기에 제목을 뽑은 듯하다. 시적 전개의 시간은 물론 자동차 안의 상황도 결코 흔한 것은 아니다. 대관령을 새 두 시에 넘는 일도 범상한 일이 아닌데 결혼을 앞둔 아들과 며늘아기와 함께라니 말이다. 그러니 이 모든 상황을 다음과 같이 정리해 버린 것이 아닌가. 금상첨화錦上添花라! 역시 淸湖 시인 다운 표현이다.

아, 이야말로 금상첨화로다

이 외에도 제4부에서는 <밤비>와 <잡초와 돌>을 진지하게 감상해 보시길 권한다. 비록 함께 살아온 날이 헤아릴 수 없이 많겠지만, 그래도 그리운 이가 그대이니 어쩌겠는가. 그래서 아직도 미지의 세계를 꿈꾸는 게 아니겠는가? 그런데도 마음에 담아 둔 말이 있어서 '술 한 잔'의 기운을 빌려서 해야겠다니 淸湖 시인의 인물됨을 알 수 있는 시라는 생각이 든다.
다음으로는 <잡초와 돌>을 추천해 드리고 싶다. 잡초와 모난 돌도 보기에 따라 용도에 따라서 귀한 대접받을 수 있다는 淸湖의 '무한 긍정적 사고'가 읽히는 시다. 주관적 시각에만 의존하는 귀천貴賤의 허구적 사고를 잘 집어낸 시라 그 가치가 있다고 본다.

과거사는 시인에게 커다란 자산이다

제5부의 대표적인 시詩 <봄꽃들의 향연>을 감상해 본다.
전 5연을 둘로 나누어 표현했다. 1연에서 새벽을 멧새의 속삭임으로 표현한 뒤 2연과 3연에서는 지는 봄꽃을, 4연과 5연은 피어 있는 꽃을 상징적으로 표현해 놓았다. 눈에 띄는 장면 묘사는 단연 5연이다. '진달래의 수줍음, 살구꽃의 청초한 소년 모습,

흐물거리는 아지랑이, 흐드러지게 핀 벚꽃, 발그레 웃는 복사꽃을 들어놓고 상춘객들이 꽃들의 유혹에 맥을 추지 못하리라고 단언하는 부분이 압권이다. 그래서 제목이 '봄꽃들의 향연〉인가 보다.
 다음으로 〈자업자득〉을 감상해 보자.
 1연과 2연에서 '비행기가 엔진, 선박이라는 놈, 자동차라는 녀석들, 지랄발광하며 지구 곳곳을 쑤시듯 돌아다닌다.' 2연에서 전기 생산하는 화력발전소의 환경파괴 행위를 신랄하게 비판하다가 3연에서 자연 그대로 살던 시절을 회상하며 그리워한다. 끝 연에서 '요즘 인간들은 한마디로 하늘 무서운 줄 모르고'라고 일갈하며 이 모두가 자업자득自業自得이라고 결론 내린다.

시인이라고 해서 현실을 외면할 수는 없다

 제6부의 대표 시는 〈인동초처럼〉이다. 1연에서 한겨울의 '모진 생명력'으로 2연에서 한여름의 '오불관언吾不關焉하며 제자리를 지키는 인동초를 노래했다. 이런 온갖 시련을 겪으면서도 세계사에 우뚝 선 우리 민족을 강인한 '인동초'에 비유한 시이다. 다음은 마지막 연이다.

    반만년의 세월 동안 온갖 외세의 짓밟힘을
    기어코 물리치고,
    보릿고개 춘궁기를
    허리띠 졸라매며 견뎠고,

폐허가 된 땅덩어리에서
우뚝 선 민족이여!
인동초처럼 영원하여라.

 지금까지 대표적인 시를 기준으로 淸湖 시인의 첫 시집 『노송老松』을 함께 감상해 보았다. 물론 첫술에 배부르진 않을 것이다. 노련한 시인들과 견줄 필요는 없겠으나 전체적으로 좀 더 갈고 닦을 필요를 느낀다. 淸湖의 첫 시집 발간에 큰 박수를 보내며, 다음 시집을 향해 박차를 가하길 빈다.

―――――――――――――――――――
이철우 첫시집

노송
―――――――――――――――――――

초판인쇄 2025년 08월 09일
초판발행 2025년 08월 11일

지은이 : 이철우
발행인:김유권
펴낸곳:도서출판 오늘

주   소 : 서울특별시 구로구 구로동 609-24
전   화 : 010-3254-2159(인쇄)
등   록 : 25100-2011-00061
저자메일 : cj99967@hanmail.net

ISBN : 979-11-90384-34-6(03810)
··
15,000원